蒋胜男

著

权力巅峰的女人

九州出版社
JIUZHOUPRESS

图书在版编目（CIP）数据

权力巅峰的女人 / 蒋胜男著. --北京：九州出版
社，2015.10
ISBN 978-7-5108-3999-3

Ⅰ．①权… Ⅱ．①蒋… Ⅲ．①女性－政治家－人物研
究－中国－古代 Ⅳ．①K827=2

中国版本图书馆CIP数据核字（2015）第252986号

权力巅峰的女人

作　　者	蒋胜男　著
出版发行	九州出版社
出 版 人	黄宪华
地　　址	北京市西城区阜外大街甲35号（100037）
发行电话	（010）68992190/3/5/6
网　　址	www.jiuzhoupress.com
电子信箱	jiuzhou@jiuzhoupress.com
印　　刷	三河市中晟雅豪印务有限公司
开　　本	700毫米×980毫米　16开
印　　张	16
字　　数	220千字
版　　次	2016年1月第1版
印　　次	2016年1月第1次印刷
书　　号	ISBN 978-7-5108-3999-3
定　　价	36.00元

她们母仪天下

她们改变历史

她们谋权亦谋爱

目录

战国霸主

秦宣太后

春秋战国时期，各国纷乱，最后还是由秦国一统了天下。但是秦国为什么能够从战国七雄势均力敌的局面一跃而成为一统天下的秦帝国，这中间起了最关键作用的人是谁？

有人说，是变法的商鞅，也有人说，是秦始皇。但是，商鞅变法之后，也只能把秦国带上战国七雄的位置，而秦始皇继位的时候，秦国已经是战国第一大国，其他各国根本已经不能够与之相敌。

那么，是谁令得秦国成为当世最强国，而为秦国一统天下制造了可能呢——这个为秦帝国打下基础的人，是一个女人。

她就是秦始皇的高祖母——宣太后芈八子。芈八子的出身其实并不高，她只是秦始皇的高祖父秦惠文王一个低阶妃子而已。在秦惠文王死前她的封号为"八子"，所以后世也称她为"芈八子"。

秦朝的后妃制度一共八级，分别是"皇后、夫人、美人、良人、八子、七子、长使、少使"。而"芈"是楚国的国姓，秦楚之间联姻甚多，从记录上看她为秦惠文王生下不止一个儿子，而在秦惠文王死时她才只是"八子"的身份，推测她应该不是献女就是媵女的身份，而非联姻时的主要婚姻对象。

史载秦穆公将女儿嫁给晋文公，就陪嫁了五个媵女。"媵"的范围很广，从广义上来说，所有的陪嫁人员都可以称之为"媵"，如媵侍、媵从等。狭义上来说，就是新娘的"备份"。

须知当时的婚姻并不只是男女双方的事，往小了说是两个家族的联姻，往大了说就是两个国家之间的联盟，所谓"合二姓之好，上以事宗庙而下以继后世"。所以春秋战国时期，诸侯之间联姻互嫁王

室女子，男方娶进门的可能不是一个女人，而是一群女人，这些女人是新娘的姐妹、堂姐妹，以及同宗甚至同姓的女子——那时候死亡率高，千里迢迢两国联姻，谁能保证那位新娘一定能够健康到达成婚，顺利生子成为继承人。甚至可能身份最高的那位贵女不一定就能够生出儿子来，但是只要她的媵女中有人生下儿子，那么她这个族群在这场联姻中就有了继承人，联盟就此稳固下来。

所以，这位在将来可能名震诸侯的女人，在秦惠文王时代并不见记录，而在秦惠文王死后，她年幼的儿子嬴稷还被当成人质送到了燕国。

芈八子此时在哪儿，可能在秦宫，也可能跟着儿子去了燕国。这是她的人生蛰伏期，谁也不知道，她的命运会忽然迎来大转折。

秦惠文王死后由其子嬴荡继位，这位史称秦武王的人，据说力气很大，善能举鼎，因此在国中广招力士，封为高官，大力士任鄙、乌获、孟贲三人因此而得荣宠。

但是，在秦武王四年时，他举兵洛阳，入周室，见九鼎而心喜，欲举九鼎，在几名力士先后举鼎失败的情况下，秦武王亲自举鼎，结果被鼎砸中，伤重不治而死。

很多人说秦武王脑子进水，好好的大王不当，偏偏喜欢学人家去举重，结果把自己给砸死了。但事情并不这么简单，所谓九鼎，是王权的象征，秦人早有觊觎周室和九鼎的野心，《战国策》开卷第一句便是"秦临兴师周而求九鼎"，周室君臣不得已借助齐国和楚国的力量，才打消了秦人的图谋。张仪亦曾向秦惠文王献计，让秦军先取韩

国宜阳，以此为跳板，控制东西二周和周天子，以据九鼎，挟天子建霸主之业。但由于当时秦惠文王为巩固后方，而采纳司马错之言集中兵力灭蜀，暂搁此事。

而秦人这一思路，必然也影响到了秦武王。他曾对丞相甘茂说"寡人欲车通三川，以窥周室，而寡人死不朽乎"。甘茂自然明白他言下之意，依照张仪原来的计划，攻下宜阳，令周都洛阳门户洞开。

秦武王亲率大军直奔洛阳，提出要观看九鼎，周王不得已让他至太庙观九鼎。所为九鼎，本是大禹收取天下九州之金铸成，每鼎代表一州，共有荆、梁、雍、豫、徐、青、扬、兖、冀九州，秦武王便命任鄙、孟贲等三人举鼎，实则借此想达到据九鼎，挟天子而令诸侯的目的。但不晓得为什么，平时能够力举千斤的这几个大力士在关键时刻竟然都不能举鼎，秦武王脸上下不来，竟一时意气之下，亲自去举鼎。

结果，自然大家都知道了，秦武王举鼎不成，反被大鼎砸伤。但历史在这里其实还有一个转折的可能，就是当时秦武王伤重之时，曾经请到著名的神医扁鹊来治疗。但当时任秦国太医令的李醯生怕自己的地位不保，在秦武王面前极力中伤扁鹊，又派人暗杀了扁鹊。可叹一代神医死于权力斗争，而秦武王也因此伤重不治而亡。

秦武王的举鼎，固然并不是民间演义所谓可笑的练举重把自己砸死了，而是一个历代秦君执着的九鼎之梦。但他却想当然地把这件事简单化了，以为只要兵临洛阳，拉走九鼎，就可以挟制天下。

他却没明白，九鼎只是一个权力的象征，它是指王权，而不是仅

仅只是九只举重器。要知道洛阳是韩国的地盘，如果兵临城下拉走九鼎，就可以称霸诸侯，那么韩国几百年来随时都可以拿走九鼎，但韩国却没有这么做。而春秋战国数百年来，从楚庄王到秦惠文王，无数有野心的君王都曾经想得到九鼎，但最终都只是试探行动，而没有实际执行，更不会像秦武王这样直奔目的地扛起就走这般粗暴简单。

无他，在自身条件不成熟的条件下，去挑战世界认定的规则，去重建自己的新规则，是会引来天下人群起而攻之的。如果没有足够的实力作保障，去挑战"普世价值"，纵然秦武王不死于被九鼎砸伤，纵然他可以成功把九鼎拉走，但最终他这一举动，也会令秦国招致诸侯的围攻。

从秦武王一登基就大力提拔重用孟贲等大力士的情况来看，他去举鼎这件事固然是意气之举，却不是偶然，而是必然。所以，他的死亡，或出于偶然，但他的图谋会失败，则一定是必然的。

秦武王死后，因为他没有儿子，留下了巨大的权力真空。他的兄弟，也就是秦惠文王所生的十几个儿子，为了争夺王位展开了血流成河的大内战。

这内战一打就是三年，自然把商鞅之法打到没人遵守了，什么经济农业发展也停顿了，什么军事力量也全部用来自己人打自己人了。

我们有理由相信，在诸位王子长达三年的动乱中，必然有着其他六国背后的势力在幕后进行操纵。王子们的角力，很大程度上，实则是各国势力在秦国的较量。

打到最后，原来强大的秦国，在这种自相残杀中变弱，原来已经臣服于秦国的许多国家和部族，也纷纷开始翻脸。

原来在秦惠文王时代收服的巴蜀之国，又乘机叛乱割据了；在北方的戎族义渠本已经向秦国称臣，此时也再次翻脸称王，抢了秦国在北边的许多城池。

当然，其他六国更没客气，直接插手内斗者有之，支持失意的王子争位者亦有之。照当时的战国七雄的情势来看，根本没有人想到秦国会统一，因为当时秦国的力量并不强，虽然商鞅变法以后，秦国也占了一些地盘，但基本上都是靠张仪利用合纵连横之术，也就是连哄带骗弄来的，真正的硬战并不算多。

而当时七国中，最强的是楚国和赵国。楚国是因为楚威王灭了吴越，所以楚国的面积在各国中最大；而赵国则是因为赵灵武王胡服骑射改革军队以后，赵国的军事力量成为诸国最强。

落井下石的事都不用人教，看秦国乱了，楚国也没闲着，立刻阵兵边境，扬言要收回当初被秦惠文王连骗带抢占去的上庸之地。赵国更狠，此时赵国是赵武灵王在位，就直接跟燕国合谋，把押在燕国当人质的王子嬴稷押过来送回秦国去，扬言要秦国必须立他们赵国看中的嬴稷为王，就是历史上的秦昭襄王。

赵武灵王这么干不止一回了，那时候燕国在位的燕昭王，就是赵武灵王和秦惠文王趁着楚国内乱，联手给拥立的。自然，这场拥立之战中，赵国好处多多，所以赵武灵王有理由再来一回。但是，如果赵武灵王知道拥立嬴稷会给赵国带来什么，一定会后悔到撞墙吐血去。

好运气不会精准无误地一定掉在谁的头上去，拥立嬴稷建立傀儡

政权，这个创意是谁提供的呢？综合后来的种种情况，我们认为在秦宫中蛰伏了很久的芈八子，很有可能在这中间动过手脚。

而与此同时，芈八子同母异父的弟弟魏冉也在这些年的争斗中，一步步慢慢掌握了一支军队。当嬴稷回到秦国争位时，早有准备的魏冉立刻带兵把秦惠文王留下的非芈氏所生的十多个争位的王子统统杀光，而秦惠文王的原配王后，也一起被杀。

嬴稷登基后的第一件事就是封母亲芈八子为太后，并且整个国家的政权，都由太后掌握。于是，宣太后芈八子成为秦国的实际统治者。

太后之称，是从芈八子开始的。"太后之号，自秦昭王始也。""母后临政，自秦宣太后始也。"她以太后身份统治秦国长达四十一年之久，"东益地，弱诸侯，尝称帝于天下，天下皆西向稽首。"

宣太后执政后，起用同母异父弟魏冉和同父同母弟芈戎以及母族中人向寿，掌握了军政大权。清理了内忧以后，她开始对付外患。

首先是居于秦国西北的少数民族义渠，他们一直是秦国的心腹之患。因为义渠的存在，使得秦国一直以来不敢东进，因为秦国每次对其他国家一开战，义渠就会在背后趁火打劫。因此想要秦国无后顾之忧，就必须先除去义渠。

为了解决义渠，宣太后采取了色诱的方式，把自己嫁给了义渠王。二人长期以夫妻的形式居住在秦国的甘泉宫中，宣太后还为义渠王生了两个儿子。这场婚姻使得秦国东进而无后顾之忧，秦人从少数民族那里学习了彪悍的战斗作风，同时源源不断地将西北良马运进了秦国，加强了秦国的军事力量，而在后来的秦国与六国的战争中，尤其是战神白起对楚国的战争中，秦国的精工兵弩和骑兵队伍，起到了关键性的作用。

而在这些年中，宣太后也在慢慢地一步步蚕食着义渠的内部，等到时机成熟时，宣太后诱杀义渠王，把义渠所有的土地和兵马统统收归己有。从此秦国东进，再无后顾之忧。

无以推测，宣太后此时的心境究竟如何？毕竟她与义渠王夫妻多年，并生下两个儿子，要说完全没有感情，是不可能的。但是她毕竟不是一个只为感情而活的女人，而义渠王身为草原之王，自然也不可能绝对单纯。

或者我觉得，宣太后吸引义渠王的优点，可能是她从楚到秦，身上所具有的只有数百年王朝才能留下的文化才识和绮丽奢华；而义渠王又凭什么失去警惕，或者应该从他的草原思维来考虑。草原部族的习俗，是一个部落的头领死后，另一个部落的头领娶了他的遗孀，接收他的子嗣和部族，从此将对方整个部族进行合并。

从近看，有在汉高祖刘邦死后，匈奴冒顿可汗写信给吕后，说要两家结亲；从远看，清太宗皇太极娶了蒙古部落多名部落长的遗孀，并合并了那些部族。可见，对于义渠王来说，秦王死了，他娶了秦王的遗孀，接收了秦王的儿子为自己的儿子，就等于完成了对秦国的合并。

草原思维真是害死人。他没想到，秦国不是他的，它仍然属于秦惠文王的儿子嬴稷。已经完成文明进化的国度，只有父死子继，而不

是草原式的强者为王。

义渠王死了，宣太后和义渠王的两个儿子下落如何，史书上没有提起。

有人说，宣太后在杀义渠王的时候，一同杀了两个儿子。但这样想未免是以后世的眼光代入，我觉得以宣太后的掌控能力，她是没有必要去杀这两个儿子的。她既然敢公开和义渠王成亲，敢公然生下儿子，就没有必要再去杀两个儿子来掩盖这件事。参见秦始皇的母亲与嫪毐私通公然生二子养在宫中的例子，可见太后有没有私生子，并不要紧。而这两个儿子后面不见记录，推测是改名换姓另作安排的可能性更大。

事实上，宣太后在隐私上面的大胆，远不止私生子这么简单。

在她执政不久，就遇上一件事，这件事也记在《战国策·韩策二》上。当时楚国亦是大国，自与秦国结盟，便开始对其他国家进行征伐，首先受到攻击的是韩国所属之雍氏。

雍氏围城达五月之久，韩国派人向秦国求援，所谓"冠盖相望"，就是前一批去秦国的使臣马车还没回来，后一批使臣的马车就已经出发了，两批人马在路上都可以互相看到对方的车盖。但是秦师还是不肯出崤山而入韩。

可能韩国认为宣太后年轻守寡，于是为了增加游说的力度，最终派出著名的美男子尚靳出使秦国。尚靳不但长得很帅，还擅长辨辞，他先说："韩之于秦也，居为禁闭，出为雁行。今韩已病矣，秦师不下崤。臣闻之，唇用者其齿寒，愿大王之熟记之。"就是说韩国相当于秦国的门户，出去打仗也是一齐排行如雁行，如今韩国有难，秦国如果不相助的话，就等于唇亡齿寒，希望秦国尽快出兵。

宣太后听了这话表示，韩国派了这么多使臣来，只有这位"尚子"说话还有点意思，于是接见了尚靳。双方见面，尚靳提出了希望秦国尽早救援韩国的要求，宣太后并没有直接回答，而是针对尚靳说的"唇亡齿寒"的故事，对他讲了一个同样与身体有关的故事。

原文如下："妾事先王也，先王以其髀加妾之身，妾困不疲也；尽置其身妾之上，而妾弗重也，何也？以其少有利焉。今佐韩，兵不众，粮不多，则不足以救韩。夫救韩之危，日费千金，独不可使妾少有利焉。"

解释："我当年'侍奉'先王的时候，他把大腿压在我身上时，我感觉很重，难以支撑；但当他把整个身子压在我身上的时候，我却不觉得沉重了——因为这个姿势对我有利。现在你希望我去救韩国，如果兵不够多，粮不够足，就无法救韩国，但如果我出重兵粮草去救韩国，那我付出这么大成本，你能给我什么好处呢？"

这段话，相当大胆，也相当直接，揭示了国与国之间所谓的友情和道义，都比不上利益更重要。

两个大国之间所谓的友谊，不管是呼作"亲密的老朋友"，还是比做夫妻好到如同"度蜜月"，最终，朋友会翻脸夫妻会离婚，决定两国关系的，只能是利益。

但公然在朝堂之上，面对外交使节，这样大开黄腔讲荤段子，在春秋战国时代不算什么，但在后来进入相对封闭的大一统时代后，则

令得后世的卫道者老夫子们觉得如同焦雷劈顶，以至于清朝文人王士祯愤而点评："此等淫亵语，出于妇人之口，入于使者之耳，载于国史之笔，皆大奇！"（《池北偶谈》）

然而数千载后的老夫子的口水，伤不着宣太后一根头发，她的肆无忌惮，是建立在她的功业、她的权威上的。

在她执政的四十一年期间，她把秦国从七雄之一，打造成了独霸一国，为一统天下，打下了基础。

她平定了长达三年的季君之乱，重用秦惠文王之弟樗里疾为相，重推商鞅之法，使得秦国内部安定下来；她重新收复了巴蜀之地，派李冰入蜀治理，并建成了举世闻名的都江堰；她杀了义渠王，并吞了义渠之地，从此秦国东进无忧，并得到大量马匹装备骑兵，为秦国屡战屡胜提供了基础。

同时，她又在军事上打败了魏韩赵等国，吞并了楚国大部分土地，利用燕齐矛盾削弱了齐国实力，最终形成了秦国一统天下的格局。

那么，她是怎么一步步推行她并吞六国的计划的呢？

首先是楚国，宣太后先是利用自己出身楚国的这一点旧情，与楚国建立了友好关系。此时楚国的统治者是楚怀王，这个人在历史上出名地容易被忽悠，屈原故事里的反面蠢角就是他。小时候我看屈原故事时，觉得很奇怪，楚怀王之前已经上过秦国的当了，为什么还会在秦国邀请他入秦的时候，不顾屈原的阻止一股脑儿就去了？直到写到这个故事时我才恍然大悟，楚怀王上一次中计，是在秦惠文王时代，被张仪所骗；而这一次中计，则是在宣太后时代。

在楚怀王眼中，如今执政秦国的太后是楚女，秦王是楚女所生，秦国和楚国已经结成了同盟，更是结成双重亲家，秦国的公主嫁给楚怀王最宠爱的儿子子兰，楚国的公主嫁给嬴稷当王后。这几重亲戚联姻，自然是可靠的。他却不知道，政治上越是亲戚联姻越是不可靠。

秦楚联姻的事，不知为何激起了魏韩齐三国的联合抵制，但他们将愤怒一齐对准了楚国，三国联合伐楚。楚国不得已，以太子做人质，求助秦国发兵。

此时的秦国，已经从季君之乱中走出来，开始磨刀向诸侯了。楚太子入秦为质不久，就发生了楚太子与秦大夫斗殴事件，太子横竟然失手打死秦大夫，匆匆潜逃。秦国遂以此为借口，联合韩魏齐三国攻楚。

楚国疲于奔命，不得已接受秦国的条件，由楚怀王亲自入秦，重谈和议。楚怀王不顾昭雎、屈原等重臣劝阻，一脸信任地去了秦国，结果一到秦国，就被宣太后母子所扣押，逼着他割让楚国将近一半的土地。这时候我们有理由相信，楚太子横所谓的失手杀人，亦很有可能是一个陷阱。

直到此时，楚怀王才知道上了当，犯了牛脾气，死活不答应，结果被秦国关了起来，不久就很悲惨地死在了秦国。

楚怀王被扣押，宣太后趁着楚国无主，派弟弟芈戎和舅舅向寿带兵攻打楚国，楚国被打了个猝不及防，打一次败一次。在宣太后起用了天杀星白起以后楚国就更惨了，白起一直打到楚国的国都郢都，杀

了个血流成河，直逼得战国七雄中的大国楚国，迁都再迁都，迁到变成一个小小的弱国。而著名的诗人屈原因为劝谏楚怀王不听，在看到楚都被灭时，绝望地投江自尽。至今每年屈原投江的五月初五，我们还用吃粽子的方式来纪念他。

宣太后执政最大的特点，就是打仗，她可谓是秦国历史上最能打硬仗的统治者。秦始皇一统六国之前的硬战，许多都是宣太后执政时期打的。早期她起用的是她的舅舅向寿和弟弟魏冉、芈戎，而其中最能打仗的是魏冉。后来魏冉在军队中发现了军事天才白起，向宣太后作了推荐，宣太后力排众议，大胆地起用了白起这个天杀星，于是，六国哭泣的日子到了。

宣太后一共执政四十一年，由于男权社会的视角问题，这个时期又被称为昭襄王中前期。而这个时期，恰恰是秦国大败六国，成为唯一强国的时期。

我们可以从一系列的战争中，历数各国是如何被秦国打败的。这四十一年中，由向寿、魏冉、芈戎、白起这些宣太后的嫡系带兵，先后攻陷赵、楚、韩、燕、齐、魏六国将近两百余个城池，杀死六国军队一百多万人，光是白起就杀死韩魏联兵四十多万人，杀死赵国军队四十多万人。

天杀星白起之所以能够所向披靡，除了他自身的军事天才和宣太后的破格重用之外，更重要的是，白起的撒手锏就是千里奔袭的骑兵战术，而当时其他六国却是以步兵为主的阵营，只有少量的马车作为指挥。而白起之所以能够训练出骑兵来，不可缺少的条件就是宣太后以嫁给义渠王为条件，吞并了义渠，西北少数民族的骑兵之术和源源不断的战马，成就了白起不败战神的美名，也成就了秦国打垮六国、一统天下的万世帝业之基础。

当宣太后统治期结束以后，秦国一统六国，其实只是时间问题，六国再无能力与之作战了。

回头再说宣太后的儿子昭襄王，应该说昭襄王在母亲前面是个很听话的儿子，一直听话到宣太后六七十岁，他自己也五十多岁了。此时此刻，他不能不考虑自己的身后事，他曾经有两个儿子，长子在出生后不久，就被立为太子。但这个太子不得宣太后喜欢，一直被派在国外为质，直到秦昭襄王四十年的时候，死在韩国。

昭襄王就想把次子安国君立为太子，可是向宣太后提了很多次，宣太后还是不同意立安国君当太子。为了讨好宣太后，昭襄王将宣太后族中的一位少女立为安国君的夫人，史称华阳夫人。从这个封号来看，这位华阳夫人很可能与宣太后所宠信的弟弟华阳君芈戎有关。

这里我想提一下，有人认为秦昭襄王的王后叫"叶阳后"，但据考证，繁体的"华"写作"華"，而繁体的"叶"写作"葉"，两者字形相似，所谓"叶阳后"应该就是指华阳夫人。

但就算安国君再努力，宣太后仍然没有松口立他为太子，这时候，自然不免让人怀疑，宣太后心目中是否另有王位继承人的人选。

此时，秦国之内，最显赫的当数四贵，即宣太后的弟弟"穰侯"魏冉、"华阳君"芈戎，以及宣太后的两个幼子"泾阳君"嬴芾、"高陵君"嬴悝这四个人。

而秦国不但有着父死子继的传统，还有着兄终弟及的传统。因此在这种情况下，秦昭襄王不免怀疑，宣太后是否因为疼爱幼子，有将幼子立为储君的念头。否则的话，她何以迟迟不肯立安国君为太子？

昭襄王这一年已经五十多岁了，不免感觉到自己的身体在老化衰退，而历代秦国的国君，寿命长的并不多。而他的母亲宣太后七十岁了，老太太依旧精明能干，他甚至会怀疑，自己有可能走在母亲前头。

昭襄王也许不在乎自己一辈子听母亲的话，因为不管怎么样他都是秦王，而且他母亲的能力有目共睹，秦国再强大，也是他的秦国。

但如果他的儿子可能会失去王位，他就不能不行动了。这时候魏人范雎入秦都咸阳，游说昭襄王："四十一年，国人只知有太后、穰侯（魏冉），而不知道有大王。"昭襄王悚然而惊，于是请范雎为谋士，于秦昭襄王四十一年，设计除魏冉兵权，请太后归政。

这话听起来似乎很有英雄气概，但事实上这一年宣太后已经七十多岁了，魏冉也将近七十了，还不还政也已经差不多了。

这一场政变，看似是范雎游说，改变了政治格局，但是很明显，"国人只知有太后、穰侯，而不知有大王"的情景，已经存在了四十多年，昭襄王又不是傻子，岂有不知。纵然昭襄王是傻子，这么多年，天下游说秦国的策士多如过江之鲫，岂会没有人看出这一点，没有人指出这一点？昭襄王做了一辈子的听话儿子，他若是想当"有权威的大王"，又岂会到了自己白发苍苍时才因听了一句策士之言就跳起来！

无他，时候未到而已。

在此之前，不管谁看出来、说出来，都无法撼动老太太的权力，都无法令得昭襄王下这个决心去和自己的母亲站在对立面。只有到了和老太太比赛最终时间的时候，只有到了昭襄王怕死后继位之人不是自己亲生儿子的时候，才会采取行动。

范雎，只是在对的时间，说了对的话而已。

但是自宣太后还政，昭襄王迅速立了自己的儿子安国君为太子的结果来看，昭襄王发动政变的最大原因，显然还是为了太子之位，而不是和母亲争权。

所以在昭襄王达成愿望以后，他那长期以来对母亲的服从感又占了上风，宣太后虽然还政，但是所有的待遇依旧不变，而昭襄王对她恭敬如故。

历史记载宣太后在生命最后的时光里，依旧有许多情人，其中最出名的一个叫魏丑夫。宣太后十分喜欢他，她在病重将死时说："为我下葬时，必以魏子相殉。"

对于魏丑夫而言，自己还年轻，还有无限的未来，奉承太后得到荣宠固然是好事，但是要他去殉葬，则是万万不愿的。

大夫庸芮便向宣太后进言："人死后可有知觉？"

宣太后自然回答："没有知觉。"

庸芮则推演劝说："如果人死后无知，何必让魏丑夫殉葬？假如人死后有知，那地下还有先王呢，这几十年来他岂不是怒火攻心，太后死后若遇先王，带着个魏丑夫岂不更麻烦。"

一番话说得宣太后打消意图，转而去考虑自己的后事了。

宣太后归政后两年，寿终正寝。

数千年后，现代人在秦陵附近挖掘，发现了大规模的兵马俑，刚开始大家认为这么大规模的兵马俑理应属于千古一帝秦始皇，但是近年来却有专家进行论证，这个兵马俑更有可能属于宣太后的陪葬俑。

这是有可能的。俑是陪葬之物，一般是人在生前为自己准备后事时烧制，或者由子女在其死后烧制作为陪葬，而秦始皇是在外出巡游时暴死的，之前未必会想到自己的死期，是否准备好兵俑也未可知。而篡位的秦二世以及赵高，在二世篡位后把秦始皇其他的儿子女儿统统杀光，秦二世他们是否有这个心为秦始皇烧制这么宏大的俑阵，也是难说。

而宣太后退政后有五年时间养老，有不少记载她曾为自己大肆修陵准备后事甚至准备让男宠陪葬的记录，更兼她有一个孝顺儿子秦昭襄王，应该说更有充分的理由烧俑。而宣太后身为楚女杀楚王；身为秦惠王妾而杀尽秦惠王诸子；嫁于义渠王而灭义渠；得赵国之助而坑杀赵国数十万人，一生做出种种肆无忌惮的逆天行为，必然会为了自己死后在黄泉之下的命运而担心，而作为一个曾经统帅百万雄师的女霸主，她必然迷信武力，因此为了自己死后着想，带着一支庞大的军队下黄泉，也是非常可能的事。

目前，秦兵马俑究竟是属于宣太后还是她的后嗣秦始皇，只能留待考古专家更多地发现和论证了。不管怎么样，宣太后为秦一统天下所做的贡献，是无可抹杀的。

西汉开国皇后吕雉

大汉朝的开国皇后吕雉，小名娥姁，她嫁给了大汉开国皇帝刘邦。她有一个妹妹吕媭，嫁给了名将樊哙。

吕雉少年时随父亲吕太公因避仇来到沛县，县令本与吕太公是朋友，当即招待他们全家饮宴，并请了县中一些头面人士相陪作客。自然，赴宴者也不会空手而来，总是带了一些贺礼的，而酒宴上的座次，也按照送礼的多少而进行排列。酒宴正进行到一半，忽然一阵喧闹之声，过了一会儿，县令来道歉说，他手下的一名泗水亭长刘季（或叫刘三儿）的，没有送礼，却开了一个空头礼单，坐上了首席。

这个刘三儿，就是后来的汉高祖刘邦。当时他的为人处境，可能如《高祖还乡》那支套曲中描绘的情景："曾在俺庄东住，也曾与我喂牛切草，拽坝扶锄。 春采了俺桑，冬借了俺粟，零支了米麦无重数。换田契强秤了麻三秤，还酒债偷量了豆几斛……"刘三儿平时喜欢与杀猪、屠狗之辈酗酒闹事，既穷且无赖，混吃混喝，无以养家。像这等性情之人，太平日子里是被平常人家嫌恶的对象，断不是一般人心目中的佳婿人选。

此次县令招待客人吕太公，酒宴甚为丰盛。刘三儿垂涎三尺，但是因为身无分文送不起礼，索性放泼了胆子写一份空头礼单送出去，拼着事后被发现换一顿打，先混一顿酒肉吃再说。若是换了别人，也早被叉出去打一顿了，但是今天的主人是吕太公，也就是吕雉的父亲，他阻止了县令的怒气，并把刘三儿请了上座，亲自与他对话。

由此，刘三儿的生活发生了变化——他有了一个妻子。

太平盛世的人们，嫁女嫁一个忠厚老实的人，好生安分过日子自

然是再好不过。但是若逢乱世，老实是无用的代表，忠厚是被欺的象征。沛县的人们大约经历无多，因此大伙儿打的还是安分过日子的念头。但是据史书记载，此番吕太公是因为避仇而移居沛县，这样经历过世事的人，自然有几分算计和远见。只不过他的见识押的不是女儿的幸福，而是前途。

在一个安分百姓不得安生的乱世之中，倒是像刘三儿这样的泼皮无赖是吃得开的。乱世脑袋都没有了还过什么日子？吕太公的眼光很长远，秦人暴政，乱世将至，家族中得有几个狠角色，才能够安身立命。于是，吕太公先是把大女儿吕雉嫁给混混刘三儿，又把小女吕嬃嫁了个杀狗的樊哙。

刘三儿的父母，很为这个混账儿子犯愁，他不像两个哥哥一个弟弟一样肯下地干活，每天喝酒吃肉没个安生。如今年近四十，谁知道他竟然骗到了一个媳妇回来，因此他们对这个新媳妇大为欢迎，指望这个新媳妇能够让浪子回头，安分过日子。

若以为婚姻生活能够改变一个人的本性，那便是大错特错了。结了婚之后的刘三儿依然不改本性，和狐朋狗友鬼混，酗酒打架，赌博欠账，吕雉不但要下地种田、烧饭洗衣，还要奉养老人、生儿育女，而刘三儿却永远在她需要的时候不见踪影。她还不如嫁给了卖狗肉的樊哙的妹妹吕嬃，樊哙虽然和刘三儿是同类，但至少还会带回家一斤半斤的狗肉来给妻子打打牙祭。

若是换成一般的姑娘，恐怕早就受不了要打离婚了，当时可不是朱熹所谓从一而终的年代。同为汉代，有朱买臣的妻子嫌弃他不能养家弃他而去，汉武帝的妈王娡也是嫌弃丈夫金王孙不够出息而另嫁汉景帝……但是吕雉却乐天知命地过起了这样的日子，她不但生下了一对儿女，同时对刘三儿的酒肉朋友亦是大方招待，令得诸人对这位大嫂感佩不已，以至于在后来吕雉遭遇太子废立危机之时，众兄弟皆是力保这位大嫂，使得刘邦无可奈何。

在以后的日子里，刘邦在一次酒醉后放走囚徒而逃亡，守在家中养儿育女的吕雉却被牵连入狱，受尽牢狱之苦。后来被释放出狱之后，吕雉不但要撑起整个家的重担来，还要应付上门的官差滋扰，还得偷偷地带衣物和粮食长途跋涉到深山里送给刘邦。这个时候，她还是一个很好的妻子，但是，一年一年地独自面对风雨，她渐渐变得强韧。

父系社会，大抵每一个女人在起初的时候，都是一朵花儿。但是如果她发现，应当充当大树角色的男人并不能够为她所倚仗，而她已经置身风雨战场，那么她不想被毁灭，就只好自己迅速成长为大树，来抵抗风雨。尤其是，还有需要她来保护的小花小草时，她更是迅速成长为参天大树。

在沼泽地里避风头的刘邦等到了机会，陈胜吴广起义，天下响应，群雄逐鹿。刘邦乘机起事，率众进入沛县，被拥立为沛公，这个时期，刘三儿正式定名为刘邦，夫人吕雉开始为人所知。

刚起事时的刘邦，还未脱混混习气。范增后来对刘邦的描述"沛公居山东时，贪于财货，好美姬"，原是事实。刘邦乍一暴发，便拥美姬，对于共同创业的原配吕雉的伤害，怕是极深的。

吕雉于此时，只有将内心所有的感情投向她的子女，用尽她全部的力量去保护他们。若干年前，有人说过一句话："女人虽弱，为母则强。"当妻子吕雉变成母亲吕雉的时候，她甚至会长出利齿尖爪来，像一只母狼一样，将企图伤害她孩子的任何威胁毫不犹豫地撕碎。

公元前205年，刘邦为项羽所败，吕雉和刘邦的父亲被俘，做了两年的人质，公元前203年秋，吕雉归汉后，留守关中。刘邦称帝后，因吕氏家族拥立之功极大，吕雉被立为皇后，子刘盈为太子。

就在楚汉战争结束之后，刘邦登上了至高无上的宝座，吕雉结束了颠沛流离的生活，终于和自己的一子一女生活在一起时，她以为一切苦难可以结束。她却不知道，她要面对的战争才刚刚开始。

后宫如同古罗马的竞技场，女人们被放置于其中，便不由自主地自相残杀，以求活下去的机会。你不杀人，就会被杀。

做了皇帝的刘邦，不再有奔波之苦，生死之惧，这才开始享受他的人生。无从想象他从前是否有过爱情与亲情，他可以在城头看着城下的生父和妻子快要被项羽活活烹煮时笑嘻嘻地说煮好时分我一杯羹，也可以在逃难的时候为了减轻马车的重量两次把亲生的儿女刘盈和鲁元公主亲手推下马车。

现在，他不用面对困境了，所以，他忽然有了闲情逸致去开始他的爱情和亲情。可惜，不是对着因他而受尽磨难的发妻和长子，而是新欢。

来自定陶的戚姬年轻美貌，她生的儿子如意活泼可爱。公平地说，没有经历苦难的女人，她的嘴角没有苦涩，眼睛活泼跳跃，笑声如银铃一般清脆，她以她的年轻天真而得到任性的权力。不仅仅是容貌的问题，不仅仅是年轻和年老的问题，也不仅仅是喜新厌旧的问题。

这样一个女人，她遇见刘邦时，刘邦已经是汉王，然后是皇帝，她几乎可以相信刘邦生下来就是驾着五彩祥云，披着黄金龙袍的皇帝。这样一个女人，让男人在她面前相信自己真的可以是天生王者，无所不能。而吕雉的眼睛，见证过刘邦被他父亲抢着大棍子打要她来劝解，见证过刘邦欠一屁股酒账要她来还，见证过刘邦躲在大沼泽里急切地等她来送饭，见证过刘邦面不改色地和仇人商量怎么分吃自家老爹老婆的肉，见证过这位将来的皇帝曾经为了逃难把幼子推下马车……刘邦在这样一双隐忍的眼睛前面，没有底气。

你是男人，你选择爱哪个女人？不要跟我说良心，在那样的年代，不先把自己的良心喂给狗吃掉的人，做不成皇帝。项羽还保留了一点点，所以他败了。刘邦早在这么多年的战争中，把这些累赘给丢光了。

无知者无畏，戚姬作为年轻美丽而受娇宠的女人，理直气壮地自认为，既然她是皇帝最爱的女人，那么她就该理所当然地取代那个年华已去的吕雉而成为帝国的皇后，而她的儿子，也应该取代刘盈而成为太子。

《史记》上对此只有一句话："戚姬幸，常从上之关东，日夜啼泣，欲立其子代太子。吕后年长，常留守，希见上，益疏。"

怀有戚姬这种想法的，大有人在。便是现在亦常见年轻女性理直气壮地大谈自己与有妇之夫的情事，认为一个女人不能够令丈夫赏心悦目，便再没有占据原配位置的权力，而要让位于新人。夫妻感情义务和女人的年纪容貌及尊严自我都可以物化、商品化，让男人们像在菜市场买咸鱼一样，货比三家从容挑拣。

刘邦当然很高兴享受和纵容这种竞争，他甚至既做运动员又做裁判员，时不时地抱着戚姬所生的儿子如意扮演慈父角色："唉，只有如意才最像是我的儿子呀！"

吕雉所生的儿子刘盈的确不像刘邦，他看到刘邦这个父亲就如避猫鼠一样，怕得要命。无论是谁，年幼逃难时，后面追兵赶来，本来就怕得狠了，忽然看到父亲面目狰狞地说："把这两个小崽子踢出去马车就能够跑得快些了！"然后他和姐姐就被亲生父亲亲手推下去，丢给后面追来的项羽兵马。就这样先后被推下去两次，若不是后面的臣子们赶上来抢救，他现在根本不可能再站到父亲面前。

童年所受的创伤阴影太大，刘盈每次看到父亲时都忍不住心里头发毛，爱不起来，亲近不起来，缩手缩脚的，一看到父亲走近就本能地心里打哆嗦。

刘邦看到刘盈这副样子就恨不得再踹上一脚，反之，天真可爱的刘如意，看到父亲就会开心地扑过来，撒个娇，因为如同他的母亲一样，他从来没有看到过刘邦的负面形象。

戚姬有了刘邦这种有意无意的纵容、撑腰，就会有人给她出主意，野心自然膨胀。所谓手握凶器杀心自起，哪怕戚姬是个蔓藤一样的弱女子，她也敢向皇后吕雉动刀子。

朝中的大臣，从来都不可能是铁板一块统一立场，有吕后自有吕后党，有戚姬自然也会有戚派臣子。

怎么样扳倒吕后？她身上没错就从她儿子身上找错，她不犯错就逼她犯错，一个人要存心对另外一个人生事，哪里找不出理由和办法来？

第一次是针对鲁元公主。

鲁元公主的丈夫赵王张敖被诬谋反，虽未杀成，却被刘邦削去张敖赵王之爵，然后把这块最肥美的赵国封地送给了戚姬的爱子如意。很叫人怀疑这整个过程，是否就是戚姬要把鲁元公主丈夫的封地，夺过来给自己的爱子，为此不惜要除去张敖性命？

第二次是针对太子刘盈。

吕雉母子是一体的，多年来吕雉谨言慎行，劳苦功高，要废后刘邦还真找不出理由来，难道说只是因为她老了？还是他喜欢上年轻漂亮的女人了？这些都不是能够拿到桌面上来的理由。唯一的理由是刘盈，说他太懦弱，说他没有能力执掌一个帝国。刘邦召集文武大臣商议此事，以太子无能为由要改立如意为太子。

第三次还是针对鲁元公主。

戚夫人居然要把已经嫁人并生子的鲁元公主送到匈奴去和亲，要她抛夫弃子嫁到蛮夷？无从得知她是怎么生出来的这个主意，或许是为了要伤害吕雉，让她在痛苦中失去理智出现差错？

第四次还是针对刘盈。

当时京布谋反，刘邦本要亲自领兵，戚姬出主意让刘盈代父出征，谁都知道这意味着什么。京布是个身经百战的大将，而刘盈是个从来没上过战场的人，一旦战败莫说有性命危险，就是活着回来也是有罪，正可以借此废除太子之位由如意取而代之。

对于吕雉来说，像戚姬这样的年轻女子，抢去她的丈夫，觊觎她的后位，对她玩弄的种种争宠手段，还在她勉强忍受的范围之内，但是接二连三地将黑手伸向她的心肝宝贝儿女，则是绝不可恕的。这或可解释她为什么在刘邦死后放过薄姬、管姬等情敌，让她们回儿子的封地去享受封国太后的荣耀和权力，却独独不肯放过伤害过她儿女的戚姬。

对于吕雉来说，当她看到刘邦在逃跑时，将亲生骨肉一个个推下马车以减轻负担时，她知道她的孩子只有她自己才会去保护，也只有她自己才能去保护。她不能不逼着自己强大，强大到可以保护自己孩子的安全。

对于戚姬接二连三的进攻，为了保住自己和一对儿女，她什么事都可以做得出，什么屈辱都可以受得下，怎样折膝都可以。

第一次，她在猝不及防之下，只能积极奔走只求保住张敖的性命，把赵国奉送给戚姬的儿子如意，就能把鲁元公主接到自己的身边好好保护。

第二次，刘邦要废太子刘盈，她只得求助于朝中文武大臣们，好在古时候的旧臣们总有一种强烈的新旧意识，像晋文公重耳一得以回国登基就高兴地把旧衣服扔掉了，结果引起旧臣们严重的忧患意识，认为重耳潜意识存在着也要像扔旧衣服一样把他们给扔掉的心理，害得重耳重新把那堆破衣服捡回来供得高高的。衣服尚如此，何况人乎，一个人连自己的发妻骨肉都可以抛弃，这比扔掉旧衣服更加加重了老臣们的忧虑，所以他们无论如果也要保住吕后母子，这同样也说明了，吕雉平时在老臣们心中的人望如何。因为御史大夫周昌在朝堂上力保刘盈，所以吕雉不惜以皇后之尊向周昌跪拜磕头致谢。吕雉恩怨分明，在此后周昌转到她的对立面力保赵王如意时，她也记得当日恩情，从未问罪周昌。

第三次，为了救鲁元公主，她整夜地跪在刘邦面前，哀哭诉往事，十几年来的夫妻之情、骨肉之情，终于打动了刘邦，放过了鲁元公主。

第四次，则是吕雉运用她多年的政治远见和手段，给刘邦做了一个可行性分析报告。不管刘邦出于什么目的，对于出战京布这种大事，万不可意气用事。若让刘盈出战，刘盈若是输了，输掉的不只是他一个人，甚至有可能是刘邦用前半生打下来的大汉江山。刘邦或许会被戚姬这样年轻美丽的女子一个撒娇弄得神志昏乱，但是同样也会在吕雉极具理智的分析下恢复一些神志。这话，他听进去了。

对于这样接二连三的攻击，吕雉知道自己母子三人的命运掌握在刘邦的手中，而现在凭着夫妻之情、父子之情，已经无法打动刘邦，凭着自己历尽沧桑的容颜，亦是无法留住刘邦的心。想要取悦已经冷落她多年的刘邦，只有凭借着自己在政治上能够辅佐他，替他出主意，下决断，甚至是——替他杀他想杀又不能亲手杀的人，让自己的

手替他染血。

刘邦想杀的人是韩信，韩信功高震主，不可杀他的理由是"功高"，必杀他的理由是"震主"。吕雉主动请缨要为刘邦解除这一隐忧时，既出乎刘邦意外又令得他如释重负。他按着吕雉的部署，宣布外出巡视，把朝中事务全部交给皇后。然后，等他回来时，吕雉向他汇报，韩信已经除去。刘邦不禁对这个妻子的能力和智慧刮目相看，从此更为倚重。

他不知道的是，这对吕雉意味着什么，对他自己又意味着什么。从此他手中的权力天平，已经悄悄地滑向吕雉了。

吕雉在这一役中，收服了宰相萧何，也收服了朝中文武大臣的心。本有一些墙头草看着戚姬受宠，吕后失宠，已经起了动摇之意，但是韩信的人头，骇破了所有人的胆。一个连韩信都敢杀的人，谁敢做她的敌人？

吕雉达到了她的目的，从韩信的人头落地的那一刻起，戚姬这个名字注定要成为过往！

此后，吕雉辅佐刘邦平定了各路诸侯后，那些过往被乱纷纷朝政暂时掩盖着的矛盾又立刻凸现出来。皇储之争，已经到了迫在眉睫的时候。

而诸侯王一一被诛灭，刘邦觉得河清海晏，此时皇后吕雉在刘邦出征时安定朝纲，在他犹豫时帮他下决断的作用已经无足轻重，那种沉稳如山的女人已经不再为他所需要了。

他又回到了戚姬的怀抱里，看着她的撒娇，听着她的哭泣，对于

自己未能够兑现在这个小女人面前的承诺而羞愧。废立太子的事，又摆到了他的议程上。

这一天夜里，风雨如晦，吕雉亲至谋士张良的府中，问计于张良。此后不久，在宫中的一次盛宴上，也正是刘邦在戚姬的苦求下，正式下定决心要废除太子刘盈的时候，刘盈翩然出现，后面跟着四位白发苍苍的老人。

刘邦心中生疑，一问才知道这四人竟然是当世闻名的商山四皓。刘邦这一惊非同小可，商山四皓是名震天下的四个隐士，自己多方派人去请竟然请不到，不料这四人却已经站在了刘盈的身后？

这一顿宴席吃得刘邦食难下咽，回到内宫时，已经脸色灰白，知道自己这一战，已经彻底地输了。毫不知情的戚姬抱着如意还要来撒娇问他，事情办得怎么样了，不料却是生平第一次看到，大汉开国皇帝刘邦的脸上，露出了悲凉的神情。

戚姬被吓坏了，她使尽所有的办法，却只能够从刘邦的口中听到这样一句话："太子羽翼已成，不可废除了！"

在戚姬的泪眼和歌舞中，刘邦却只能是吟唱着："鸿鹄高飞，一举千里。羽翼已就，横绝四海。横绝四海，当可奈何！虽有矰缴，尚安所施！"这一战他已经输了，既然输了，就无谓再作其余徒劳之事。他做出了输的表态，不顾戚姬的哭泣，下令让年幼的如意立刻到封地赵国去赴任，亦是向群臣表明，废立太子之议，就此结束。

这当然不是因为商山四皓这四个老头子有多大的力量。这种隐士对于帝王来说，犹如盛宴上装点的萝卜雕花，装饰作用大于实际功

用。请他们出来，犹如后世赵匡胤利用华山陈抟一样，表示现在太平盛世真的到了，你看连这样的老隐士都出来登台走秀了，仅此而已。

但是刘邦却从商山四皓的出现，才真正感觉到他的对手，他的妻子羽翼已成。商山四皓再怎么样矫情，到底还是被请出来了，这并不是因为刘盈一夜之间忽然发掘出了他所不知道的能力。他这儿子有多少底气他还不知道？刘盈之所以能够做到，只不过是用对了方法。刘盈的背后有一批聪明人在帮他做事，如果这些人忠于刘邦，把办法提供出来，那么，如意照样能够把这四个老头儿给请出来。

谁给吕雉出请来商山四皓的主意？谁给吕雉跑腿牵线？谁给刘盈一步步策划行动指南？这不是一个人的事，而是需要一批人去做，在皇帝的眼皮子底下，瞒着皇帝做成这样一件事，这么多朝中的大臣，替皇后办事出力，居然比给皇帝办事还要用心还要卖力！

这，才是真正让刘邦觉得恐惧，觉得悲凉的事实！

直到这个时候，刘邦才忽然如梦初醒，回顾这些年来一直被他忽视的事实。朝中上下，曾经是猛将如云，谋臣如云。但是这些年来，能够威胁到皇位的大将们，已经被他一一蠲除了。吕雉多年来一直镇守朝中，在内有她的两个哥哥周吕侯吕泽和建成侯吕释之掌握京中军权，在外有她的妹夫名将樊哙手握重兵，以及大量开国时立下战功的吕氏族人在军中、朝中占据要职。谋士方面，商山四皓事件，隐隐可见张良的身影；诛杀韩信事件中，萧何已经站在了吕雉的身后。

吕雉羽翼已成，她的力量已经强大到他动不了。"横绝四海，当可奈何！虽有矰缴，尚安所施！"她的势力已经形成，我无可奈何，虽然有再多的主意手段，也已经无所施展了。

一代开国之君，到了最后，竟然发现了自己无能为力，这是不是一种英雄末路的悲哀？

他现在的想法，已经不再是身为帝王的随心所欲了，而是——如何在已经变得强大的妻子面前，保全他所爱的女人和孩子。

他派了周昌去做赵国的宰相、如意的保护人，因为周昌是一个极强悍的人，而且又曾经有恩于吕雉母子。他有足够的强悍和智慧保护如意免受吕雉的伤害。

同样是他的骨肉，当年他曾经两次亲自把鲁元公主和刘盈推下马车，送入死地。而此时，他却用一种万分小心的布置，去安顿他的爱子如意。

至于戚姬，只要有如意在，戚姬不会有生命危险。刘邦想得很周到，他安排好了这一切，开始和吕雉作最后一次的交手。或许这一夜，他在长乐宫中，拔出了当年征战沙场的宝剑，轻弹着宝剑，听着宝剑发出微微龙吟之声。

刘邦秘密召见了谋士陈平，这陈平非同凡人，是仅次于张良的谋士，据说大汉立国，张良献策六，陈平献策四。刘邦征匈奴白登被围，全凭陈平之计得以脱身；韩信功高天下，陈平献计使得刘邦轻易收其兵权，贬其王爵。

商山四皓等事件，使得刘邦不敢再信任张良、萧何，那么能够用的顶级谋士，只有陈平。他对陈平下了一道密旨："立刻传檄到燕地，罢樊哙军权，叫在代地的周勃立刻兼领燕地樊哙军队，并当场斩

杀樊哙。"

陈平没有其他话，立刻受命并自告奋勇："此事不可托于别人，只有臣亲自去才能够有用。"

陈平是怎么去执行这件事的呢？他在路上慢慢吞吞地走了很久很久，看到吕雉居然还没有派人追上他去，居然让他顺利地到了燕地。这真是无可再拖了，于是他干脆告诉周勃，这件事起因如何如何，我们应该如何如何。顶级谋士的脑筋口才，武将周勃如何能够比得上，立刻他说什么是什么。于是两人再到樊哙军中，再对樊哙如此这般这般如此地谈了话，于是樊哙同志高高兴兴地坐上象征性的囚车，跟陈平回京了。回到京中，陈平把一个活蹦乱跳的樊哙亲手交到吕雉的手中，然后才去对刘邦说："臣思之又思，直至三思之后才觉得——樊哙将军和皇上在沛县时就已经结下生死至交，对朝廷的功劳极大，还在鸿门宴上救过皇上的命。更何况还是皇后的妹夫，至亲至贵。臣实在想不出，他有该死的罪名。这其中必有小人诬告，皇上必是一时急怒之下才会下此命令，之后岂不后悔。事关重大，臣和周勃将军商量过了，圣旨不可不执行，亦不可错杀忠臣。因此臣先将樊哙将军带回京来了，是杀是放，请皇上自己看着办！"

试想刘邦听了这样一番法，他能够怎么办，他唯一能做的就是一口鲜血狂喷而出！

本来就是秘密诛杀，现在樊哙已经到了吕雉手中，他还能杀得了他吗？他只知道，他原以为可靠的陈平和周勃，也已经不能用了。他最后的努力，以失败告终。

公元前195年，汉高祖刘邦死于长乐宫，终年六十二岁。

刘邦死了，对于吕雉来说，在她掌握这个国家之后她要做的事情很多很多。她要帮着新皇帝顺利登基，她要防着诸侯作乱，她要防着匈奴进入，她要对付千万种有可能发生的事件。于是当她身边的侍从问她如何处置后宫那些曾经与她夺宠争位的女人们时，她只是下令都放走，放她们回她们儿子的封地去做王太后。比如说，薄姬的儿子刘恒成了代王，于是薄姬就成了代国太后。

只有戚姬，她下令，剪去她的头发，让她去做粗活。如果戚姬是吕雉，那么她就会忍下去，吕雉在项羽军中作了两年的囚犯，她能够忍得等得。纵然刘邦无情，她为了儿子刘盈，也会活下来，因为她的儿子需要她。

但是戚姬不是吕雉，她本来就没有经历过风雨，她早就被刘邦纵容坏了。她的能力，她的见识，她的经历都不足以去学会这些事，她不是一棵树，她只是一株蔓藤。温室中的兰花一旦离开庇护就迅速枯萎，而路边的野荆却能茁壮成长，成为参天大树。戚姬只是看到自己的生活一落千丈，以前刘邦会庇护她，现在她则完全寄希望于她才十余岁的儿子能够来救她。于是她整夜地哀哭，还编了一首曲子希望能够传到她儿子的耳中，而她的儿子就会来救她。

"子为王，母为虏，终日舂薄暮，常与死为伍！相去三千里，当谁使告汝？"隔着重重宫墙，数千里地，歌声没有传入如意的耳中，却是先传入吕雉的耳中，这歌声勾起了她的旧恨新仇，也让她想起了千里之外会对刘盈的帝位产生威胁的赵王如意。

戚姬万没有想到，自己的一首歌，将儿子送上了死路。

惠帝刘盈得知吕雉召如意进京，立刻赶在吕雉之前，把他置于自己的保护之下，同吃同睡，愣是让吕雉找不着机会下手杀如意。史说刘盈性子宽厚，是有其理。刘盈保护如意，也许并不见得和如意的感情有多深，两兄弟一直是在两派人马的旗杆尖上，而彼此的母亲吕雉和戚姬又是如此不共戴天你死我活地争斗，两人未必有多少时间去培养他们的兄弟情深。但是如意毕竟是他的兄弟，和他同一个父亲，流着和他一样的血。或许还有一个原因是刘盈深爱母亲，他不愿意他亲爱的母亲因为他而双手染血。

但是不管刘盈还是如意，都还只是个孩子而已。某天早上起来，刘盈看到如意还在熟睡，不忍叫他起来，于是自己先出去了，等到回来，如意的尸体已冷。

年仅十五岁的刘盈对此无法谅解，他第一次和母亲产生了激烈的争吵。吕雉目瞪口呆地看着儿子，她无法理解儿子为何如此愤怒。她无法理解儿子，正如刘盈也无法理解她一样。

她不知道哪里出了差错，她和刘邦都是如此铁血的个性，为什么会有一个如此矫情的儿子？是的，她认为这是矫情。战场上血流成河地踏着过来，为什么有人会因母亲帮他除掉政敌而和母亲作对？她不得不重复当年刘邦的感叹：这孩子一点也不像我。

当年，她理所当然地认为刘邦偏心眼儿，现在刘邦已经不在，这个理由站不住脚了。但是她当然不会像刘邦一样因此嫌弃这个儿子，不喜欢这个儿子。刘盈是她的骨她的血她的肉，哪怕刘盈身上有一百种毛病，在她的眼里也都会自动为他找出一千种理由来证明，她的儿子仍然是完美无缺的。

所以就算刘盈有错，错也是错在她这个母亲没有教育好，当初保护过甚，在所有危险到来之前，就用自己给挡住了一切，把所有的血腥、残忍、黑暗、变态都挡在自己前面，没有让刘盈接触到政治的残忍面。

现在慢慢地教，慢慢地劝说，显然迟了点，而且收效甚微，倒不如让刘盈自己直面这种政治的残忍和血腥。她对自己说，刘盈只是没经历，所以没开窍，只要来个现场教育，用个休克疗法就行了。

这个活教具，自然就是一次次挑战她底线的戚姬。

于是，戚姬被斩去手脚，割去鼻子，挖去眼睛和舌头。吕雉带着儿子刘盈去看她的这个活教材，她要让儿子知道，政治不是请客吃饭，而是活生生的血肉搏杀，政治就是如此的血腥而残忍。

但是她高估了她儿子的心理承受能力，休克疗法本来就是一种风险极大的治疗方法，尤其不可以在政治上轻试。她以为刘盈会秉承她和刘邦的血统，在血与火面前脱胎换骨迅速强大。

可是，刘盈却因此而崩溃了。刘盈不见得和如意多么兄弟情深，他甚至也讨厌那个时不时要害他们母子三人的戚姬，可这不妨碍他对他们仍可以具有道德感和同情心。但是这种正常人应有的情感，却无法为他的父亲刘邦和母亲吕雉所理解，因为他们在不正常的环境里已经太久了，已经无法去体验这种正常了。

对于母亲吕雉，刘盈知道她曾经做过很多残忍的事，使用过很

多手段，但是他可以视为是母亲为了保护他们不得不为之。况且那些事只是传到过他的耳边，没有到达他的眼前，那些被除去的人，于他来说只是一个名字，而不是活生生的人。直到现在他们不再有生命危险，他已经是皇帝，而母亲已经是太后，但是她仍然要杀人，而且是杀曾经那样活生生的，存在于他们生活中的人，在他的面前一个可爱的小孩子变成一具尸体，一个美丽的女人变成蠕动的肉虫。这于毫无心理准备的他来说，太过残忍，超过了他的承受能力。甚至使得他不得不承认，在他心目中完美伟大的母亲，的确是一个非常残忍的人，这摧毁了他对人生的信念和美好的感觉。

世界变得一片黑暗，刘盈硬生生地把母亲的罪过扛到了自己的身上，这样的十字架一下子把他给压毁了。

等吕雉发现自己用错了方法时，一切已经不可挽回。刘盈彻底封闭自己，他从此不再上朝，只在后宫中自暴自弃，纵情肉欲，想尽一切办法逃避现实。

刘盈已经不可救，她现在更要做好对女儿鲁元公主的保护才是。刘盈现在是皇帝，万一他的后宫里头有什么妃子得宠，生了孩子，她现在活着还没问题，要是她死了有人对鲁元公主不利怎么办？那么，把鲁元公主的女儿张嫣嫁进宫去做皇后，就不管后宫谁得宠，谁能生子，将来谁做皇帝，张嫣都是理所当然的皇太后，小皇帝嫡母，那么刘盈可以保全，鲁元公主一家也可以保全。刘盈就这样和自己的外甥女成了亲，秋毫无犯地直至他死亡。

对于生活在黑暗中的人来说，无从理解光明是什么，对于吕雉来说，无从理解感情是什么，多年的残酷斗争，使得她对情感的体会成为奢望，只要她活着，并掌握权力，就已经是胜利了。她认为赋予权力是最好的给予爱的方式，她的母爱表现得畸形而恐怖。

我们再看看刘肥事件。刘肥是刘邦庶出的长子，他的母亲是刘邦娶吕雉之前的外室曹氏。吕雉对于没有触犯到她底线的许多人和事还是宽容的，如对于刘章，对于薄姬，对于刘氏诸王等，但是——真可怕，我们永远不知道她的底线在哪里。刘盈一贯个性温厚，竟在一次家宴上误让刘肥坐了首座，刘肥也毫无警惕地坐下了。吕雉却大怒，皇帝是至高无上的，刘肥的越位被视为一次挑衅，于是一杯毒酒就送了过去。刘盈却对毒酒有着神经质的敏感，立刻将这杯酒接过来欲给自己喝下，逼得吕雉不得不打翻毒酒，结束这次未遂的谋杀。

吓得魂飞魄散的刘肥听从谋士之劝，立刻上表请求献上献城阳郡，以为鲁元公主汤沐邑，尊鲁元公主为鲁王太后。城阳郡治莒县，即今山东省莒县，土地丰饶肥沃。当时鲁元公主之子张偃尚未封王，齐王奉城阳郡，尊鲁元公主为王太后，即奉献此地为张偃封王之地，张偃因此被封为鲁王，鲁元公主成为鲁王太后，而非后人所攻击的刘肥拜其妹鲁元公主为母这般不堪。吕雉的敏感线是她的儿女，她要杀刘肥是因为他对刘盈不敬，如今刘肥借讨好鲁元公主表示了他臣服的姿态，吕雉遂一笑而放过刘肥。

汉惠帝刘盈在位七年，他活着的时候，从来没做过真正的皇帝。他死了之后，吕雉又继续执政了八年。吕雉前后总共执政十五年，她的丈夫刘邦称帝十二年，前七年处于和项羽的楚汉相争时期，真正执

038

掌天下，也只有五年。而且这五年里，外有诸侯作乱，内有嫡庶争位，无法真正安定下来推行政务。吕雉在位期间，任能臣施仁政，废除前代苛政暴令，尤以废除"三族罪"和"妖言令"等为著。

吕雉执政期间，史载："高后女主称制，政不出房户，天下晏然。刑罚罕用，罪人是稀。民务稼穑，衣食滋殖。"

她虽然没有正式称帝，但是她的生平被历代史家列入为皇帝作传的本纪中。中国五千年历史上，被列入帝王本纪的女性，唯有吕雉与女皇武则天。

在吕雉之后，很多人认为这些故事里，错的人只有一个，那就是吕雉。没有人认为刘邦错了，也没有人认为戚姬错了。因为在此后数千年的故事里，这样的事情仍然在不断地发生着。薄情的帝王，野心勃勃的妃子，还有许多许多。但是反抗自己身为工具的命运并反抗成功的女人，很少很少。我们会在不久之后看到陈阿娇冷落长门宫，卫子夫看着自己的儿女被杀光后再被逼自杀，汉成帝之许皇后以巫蛊事件被冤死等等，这样的例子数不胜数，幸运者得后人一声叹息，大多数则被淡忘。

人生是个竞技场，但是规则是单向的。历史对于男性成功者，冠以"英明"二字，并淡化他们的手段突出他们的成功。对于女性成功者，则永恒地被钉上"残忍"二字打入另册。

吕雉是中国进入封建社会后，第一个女性掌权者。相较于后来的朝代，同样是父系社会，却还只是初期，仍然隐隐可见母系社会的遗留痕迹。所以，汉代人对于吕雉，亦是视其为一代帝王。

　　在两汉期间，皇帝执政，有许多仍受太后干预。汉景帝的母亲窦太后开始是逼着景帝传位梁王，此后又因馆陶公主的怂恿，废刘荣改立刘彻为帝。即使是历史上最牛的汉武帝刘彻，在继位前十年中，先是受制于祖母窦太后，其后又受制于母亲王太后。这段经历令他终生难忘，因此才会在死前防"子少母壮"而将钩弋夫人处死。汉成帝尊事母亲王政君，结果令得大汉江山断送于王莽之手。

　　此后进入东汉，则更是母后掌权的高峰期，临朝听政的皇太后共计有：章帝窦太后、和熹邓太后、安思阎太后、顺烈梁太后、桓思窦太后、灵思何太后，其中尤其以和帝皇后邓绥为著名。

　　汉代的女权，不仅仅在太后干政上，在其他方面也有所体现。

　　如在称呼上，即使是在皇族，仍然在史书上出现大量以母亲姓氏来称呼皇族子弟的习惯，这也是后来朝代所没有的，如汉文帝的女儿馆陶公主，因其生母窦太后的缘故，被称为"窦太主"；汉景帝长子刘荣随母亲栗姬被称为"栗太子"；汉武帝立刘据为太子，则因其生母为卫皇后卫子夫被称为"卫太子"；刘据的儿子刘进随其生母史良娣又称作"史皇孙"；平阳公主随母姓称"孙公主"；汉灵帝的儿子

刘协，也就是后来的汉献帝，因为由董太后亲自抚养，称"董侯"；淮南国太子随母姓被称为"蓼太子"；高祖功臣夏侯婴的曾孙夏侯颇娶了被称为"孙公主"的平阳公主，以致后世"子孙更为孙氏"。

在封爵上，汉代多有妇女封侯，得以拥有爵位和封邑的情形。例如，汉高祖刘邦封兄伯妻为阴安侯。吕后当政，封萧何夫人为酂侯，樊哙妻吕媭为临光侯。汉文帝时，赐诸侯王女邑各二千户。汉武帝也曾经尊王皇后母臧儿为平原君，王皇后前夫金氏女为脩成君，赐以汤沐邑。汉宣帝赐外祖母号为博平君，以博平、蠡吾两县户万一千为汤沐邑。王莽母赐号为功显君。王莽又曾建议封王太后的姊妹王君侠为广恩君，王君力为广惠君，王君弟为广施君，皆食汤沐邑。两汉史籍记载女子封侯封君事多至三十余例。

在建筑上，前些年考古学发现，汉代长乐宫出土壁画的房间的地面是完全"涂朱"的。史载"土被朱紫"在中国古代是规格非常高的房子，秦咸阳宫一号宫殿与三号宫殿的主殿地面都是"涂朱"的。汉承秦制，秦始皇用的红地面，汉代宫廷中也只有皇帝级别的人才能用。但是这种涂朱的房子没有出现在皇帝居住的未央宫，却从太后居住的长乐宫中出土，汉代女性地位由此可见一斑。

汉代对于妇女再嫁，亦与后世不同。汉代出现数位皇太后如汉文帝之母薄姬、汉武帝之母王娡都是再嫁之身，堂而皇之地做国母，并无人以为异。女子再嫁三嫁，亦是不绝于书。可知记录据说嫁人次数最多者大约是宰相陈平的妻子，嫁给陈平已经是她的第五次婚姻，这亦是令后人吃惊的一个例子。

西汉文帝皇后窦氏

现在我们讲到汉代的另一位皇后，汉文帝皇后窦氏。

窦氏的名字于当时史载无考，只有唐代司马贞的《史记索隐》里头，提到西晋皇甫谧曾说窦氏的名字为"猗房"，不过皇甫谧老先生是以名医和文学家留名史册，他关于商纣王等的记录都有些浪漫发挥过度，且离窦氏时代亦有数百年了，所以我们暂时还是抛开这个很漂亮的名字，叫她窦氏吧。

窦氏出身草根，这个草根和吕雉的草根还略有不同，吕雉家好歹有钱有人，她爹还能做县令的贵宾。窦氏家一穷二白，父母双亡，不得已入宫为奴，与一兄一弟各自天涯。

宫里的日子也不是特别好过，后宫升级之路基本上在窦氏进宫不久就没有了，因为皇帝死了。

汉高祖刘邦驾崩，太后吕雉执政，把一部分后宫妃子放出来随其子到封地去，同时又把一些多余的宫女分赐诸王，而窦氏便成为被分配出去的宫女之一。

窦氏是清河郡人，在赵国附近，她自然是希望能够分到赵国去，这样也可以回到故乡，寻找亲人。不过可能赵国是个大热门，想去的人太多，窦氏给经办人的钱不够，结果她不但没分到赵国，反而分到了代国去。

代国和赵国离首都长安的距离在地图上可以看得到，赵国明显更近更强大，而代国就有点属于偏远地区的意思了。当时被封为赵王的是刘邦爱子，戚夫人所生的刘如意；而被封为代王的刘恒，是不得宠的妃子薄夫人所生。

窦氏不得已，只得忍着伤心去了遥远的代国，和另外四个宫女走上了迢迢行程。那时候她可能感慨自己运气太坏，这一去代国，很可能与首都长安城，与自己的亲人永别了。

然而她并不知道，这并不是她的霉运，而是她的好运。

代国虽然偏远，日子艰苦，却因为这样，竞争压力也小，想来这些贿赂不够瞧，被弄到代国去的宫女应该也不是什么出挑的人才。

窦氏被薄太后指派去照顾当时才八岁的代王刘恒，窦氏从小在家当惯了姐姐，把刘恒照顾得很是周到，两人渐渐形成类似于袭人和宝玉的感情。因此在刘恒长大娶妻之后，窦氏也成了刘恒的小妾。

刘恒为人聪明，在代国这种偏远地区，深刻地感受到了民间疾苦，执政风格也是艰苦朴素，勤政爱民，赢得了属臣和民间的赞誉之声。

在家庭中，他也享有妻妾和美、儿女绕膝的幸福生活。史载刘恒继位前（二十二岁前）最起码有了七个孩子。和他的正室王后一共生了四个嫡子，和窦氏一共生了一女二子，其他姬妾生育情况不明。

就在代王刘恒在偏远地区努力而勤劳经营着自己幸福小日子的时候，一个来自京城长安的使者，带来了远方的消息。

这个消息是：请您回去当皇帝。

刘恒惊呆了！

当时长安的情况是，太后吕雉已死，朝中重臣周勃、陈平等诛杀吕氏族人，废吕后所立的少帝，紧接就要挑选新帝了。

各位功臣经历了吕后之事以后，对于新帝的最大要求就是：母族薄弱，自己老实。

对于大汉朝的群臣来说，谁也不愿意再面对一个强权的太后了，因此母族薄弱的代王刘恒就成了一个首选项。

然而当来自长安的使者来到代国的时候，带来的并不是欣喜，而是惊恐。盖因当时政局变幻太厉害，而代国离长安又太远，听到的消息并不准确。想想赵国刘如意当年就是被吕后的一道旨意骗到长安被杀死，而这些年来刘姓诸侯王也置身于吕后执政风雨飘摇的局面，时年二十二岁的刘恒不知道该不应该相信这个所谓要接他去"当皇帝"的京城使者。

于是他和他的属臣商量了半天，各有分歧，最后只能去占卜，占出一个大吉来。于是刘恒和他的属臣决定赌一把，还是上路去长安了。但他上路的时候也是小心翼翼，先是派自己的舅舅薄昭到长安城探听虚实。薄昭飞骑入京，见了重臣周勃，证明了接刘恒为帝的消息是真的，于是刘恒放了一半心。但走到长安城五十里的时候，他又不敢走了，再派属臣宋昌先进城探路，然后由京中派出大臣来接他进京，直到最后一刻还悬着心的刘恒，终于在陈平等众大臣的拥戴下进了长安，坐上了皇帝宝座。

当然，做了皇帝以后，就要赶紧接老娘和老婆孩子进京了。

我们之前说过，刘恒是有正室王后的，而这位王室王后，还给刘恒生了四个儿子，那么依照常理，刘恒当上皇帝以后，当上皇后的当然会是这位代王后，当上太子的，也应该是她所生的嫡子。

然而，世事大大出乎人的意料之外，就在刘恒登基元年元月，他

宣布所立的长子，却是小妾窦氏所生的长子刘启，转眼他又在三月后册封窦氏为皇后。

一夜之间，似乎刘恒的原配王后以及她所生的四个嫡子就这么人间蒸发了，在长安城中不明真相的人们心中，似乎新帝的王后一直就是窦氏，而嫡子就只有窦氏所生的二子刘启、刘武一样。

而在史书中，这位代王后和她的四个儿子，就含含糊糊地写了"病死"，窦氏这个草根女忽然间一飞冲天成为皇后，这就给了人无穷的想象。按照谁得利谁就最有可能是黑手的原则，窦氏也在一些后世文人眼中变成了工于心计、手段厉害的宫斗女，干掉了原配和四个嫡子成为皇后。

这当然是不可能的。

以刘恒执政时的手段，以太后薄氏历经数个王朝几任婚姻在残酷的刘邦后宫活到最后成了胜利者的心机，一个普通的草根女窦氏想在他们眼皮子底下玩这种花样，等于是找死。何况，能够生出四个嫡子的代王后，更不可能是一个宫女出身毫无倚仗的窦氏一个人就能够干得掉的。

那么，代王后和她的四个嫡子，是怎么死的呢？真是如书上所说"病死"的吗？是什么样的病，这么恰好让代王后和她的四个儿子死了，而其他人毫发无损？

这就是人为的"病死"了，当然，窦氏干不了这事。

干掉代王后和她四个嫡子的，是当时的政治时势，也是刘恒本人及薄太后。

代王后是谁，史书含糊不提，怎么死的，也含糊不提。然则联想到当时吕后执政，广嫁吕氏女给刘姓诸侯王为妻，甚至有不惜强令诸侯王杀原配娶吕氏女的旧例来看，刘邦死时才八岁的刘恒所娶之原配正室，很可能就是吕后强派给他的吕氏女。

这些吕氏女嫁给刘姓诸侯王，有些婚姻和谐，有些则夫妻翻脸。赵王刘友甚至因宠爱姬妾，而被其妻吕氏诬告谋反而死于狱中。而一向小心谨慎、谦和待人的刘恒母子，自然不会犯这种低级错误，从这位代王后连生四个嫡子的情况来看，这位吕氏女在代国一定过得相当心满意足。而窦氏能够在这样的情况下生出一女二子来，也一定是很低调很温顺到让这位代王后不至于生出要除了她的嫉恨之心。

然而当时因为善待吕氏女而平安度过危险期的刘恒，一旦登上皇位之后问题就来了——刘恒因为母族薄弱为人温和，而被这些诛杀诸吕的权臣选中当了皇帝，那么他如果有一个吕氏女的王后，还带着有吕氏血脉的四个嫡子进京，会让权臣们怎么想呢？

于是当机立断的刘恒母子，就直接让这位代王妃连她的四个嫡子，就这么直接在代国"病死"了，而进京的新帝妻儿，就成了一向老实低调的窦氏及其儿子。甚至在他们一进京，刘恒就迫不及待地宣布"长子"刘启为太子，封窦氏为皇后。一床锦被掩过，一切悄无声息，花团锦簇得如同那位代王后和她的四个儿子，从来不曾在世间存在过一样。

而在这么仓促的时间决定一个皇后的准备人选，以薄太后和刘恒的谨慎来说，一定会选择一个能够绝对掌控，出了事情也能够毫无后

患地换掉的人。而出身草根、温驯老实的窦氏，便是最好的人选。

那么窦氏面对这样的天降好运，会怎么想呢？一个宫婢出身成为侍妾，因其温驯而安全度日的女子，看到如此得意的代王后及四个孩子一夕而死，纵然忽然天降好运，恐怕也会如履薄冰，如临深渊。

我们回头看看，她怕的是什么？

首先是她的婆婆薄太后，这位女士心比天高，经历复杂。其母当年是魏国宗室女，幼年时请卜者为薄姬看相，就说她当生天子。于是她母亲就把薄姬送进项羽部将魏豹府中，成为魏豹的妃子。而魏豹也因为这句话，而对薄姬十分宠爱，并谋求自立为王，结果被刘邦打败，薄姬也没入汉宫。据史料记载，薄姬年少时曾与管夫人、赵子儿十分要好，约定说："先贵者不要忘记同伴。"后来管夫人、赵子儿先受到刘邦的宠幸，拿当年相约之事取笑，令刘邦心生怜悯，而召薄姬入侍，自此生刘恒。薄姬因一直不得宠，所以低调处事，不招吕后之嫉，所以反而在刘邦死后，得以与其子刘恒去了封国成为太后。

刘邦死，刘恒成为代王时才八岁，薄姬带着刘恒艰苦朴素，甚至亲自纺织，这才在代国站住脚跟。刘恒入京，又是由薄姬的亲弟弟薄昭率先探路，结交周勃，保得刘恒顺利继位。刘恒继位以后自然是在长安，母子通讯不便，那么处死还在代国的代王后及四个嫡子并让窦氏和其子成为新皇后和新太子的决定，是谁做出的？自然只能是薄姬了。

一个被世人视为"老实"、"无害"了一辈子的女人，在关键时刻能够下这样的决断，着实是令人寒心的。

当然，窦氏的丈夫刘恒亦不是一个简单人物，大名鼎鼎的汉文帝，可不仅仅只是在史书中留下仁慈爱民的名声而已，他能够坐稳江山，在政治上亦是毫不手软的。在立足未稳之时，他对重臣周勃恭敬万分，一到时机就以各种琐事数据把周勃弄得当庭无言，然后又将周勃以谋反之罪下狱要处死，幸得薄昭与薄太后求情，方赦了周勃。继位第三年，杀济北王刘兴；再三年，又杀在"诛诸吕"中立下大功的淮南王刘长。

甚至对于母亲薄太后，刘恒虽然恭敬孝顺有加，但翻脸无情起来，也是够呛的。前面说到那位为了给刘恒继位，而舍命去长安打前站探路的舅舅薄昭，却在后面因为"违法杀皇帝使者"之事，被刘恒逼迫自杀。而在这件事里，看得到大臣们的劝阻和抗议，却看不到薄太后的表示。

参见后来另一个类似的案例，汉武帝之母王太后因为弟弟田蚡与窦婴相争，本是田蚡理亏，但王太后以绝食相胁，逼得汉武帝杀死窦婴，两相对比，薄太后的毫无动静，实在是有点让人心寒。不晓得是薄太后薄情，还是知道不管她怎么折腾哀求，也不会对刘恒的决定有任何的影响，徒劳无功罢了。

总之，这两母子是一个比一个冷血和狠辣，有这样的婆婆和这样的丈夫，草根出身大字不识的窦氏，想不老实，也不可能了。

而薄太后也很喜欢这样的儿媳妇，窦氏的优点最明显，老实温驯，重点就是：省心！

所以薄太后不吝在各种场合表示对这个儿媳的满意，拉着她一起

纺织，亲自教她识字读书，从刘恒的姬妾中挑中她立为皇后，并在立她为皇后以后，满足她思亲之愿，传旨天下为她寻找失散多年的两个兄弟。

照例，汉家皇后的母族应该有所荫封，但刘恒却没有下这个命令，反而是薄太后出面，亲自下令追封窦后之父为安成侯，母亲为安成夫人，并在窦氏家乡清河郡安置陵园，并同意其规格和仪式与薄太后父亲的灵文园一样。

在这件事里，薄太后在努力表现自己是个"好婆婆"，但事实上，这件事哪怕薄太后不出面，窦氏作为皇后，也应该有这个待遇。反而是窦氏的兄弟，照例应该封侯的，却只能在薄太后死后，才由汉景帝封侯。

说到窦氏的兄弟，史记上关于窦氏总共也就七八百字，有一半倒在讲她与弟弟窦少君姐弟相认的事，因此此书亦不能免俗，在此一提。

史载窦氏有兄弟二人，兄名窦长君，弟名窦广国，字少君。史书中记载的主要是与窦少君有关的事。窦少君是个可怜的孩子，窦氏入宫前，对这个弟弟十分疼惜。但在那种年代里无依无靠的两兄弟，简直是悲惨世界的代名词，尤以窦少君为甚。据说他四五岁时就因家境贫困，被人掳掠贩卖到外地，又被辗转贩卖了十几户人家，最后被卖到矿山为奴，大家可以想象一下，这到底有多惨。采矿很惨，时不时还会遇上塌方，一次矿难一百多号人就这么埋在里头了，结果只有窦少君脱险逃生。他的主人觉得奇怪，找一个卜者一算卦，说是窦少君是贵人，有封侯的命。主人觉得奇货可居，于是带着他上长安找机遇，结果一到长安就听说皇后在找弟弟，跟少君同姓同乡，于是就来相认。窦少君虽然被拐卖的时候年纪还小，但由于后来的遭遇太悲惨，以至于生命最初那一点亲情和温暖在记忆里反而显得格外深刻，成为安抚他度过悲惨少年、青年期的微弱力量。在寻找人员的启发下，他回忆起幼年与姊姊一起采桑叶从树上摔下来的情景，等到窦后亲自来问时，又说出窦氏入官前，在驿站分别时讨来米汤水给他洗头，临走时又将食物留给他的情景……

窦后听罢往事，再听说弟弟多年为奴的悲惨遭遇，泣不成声，"侍御左右皆伏地泣，助皇后悲哀。乃厚赐田宅金钱，封公昆弟，家于长安。"本来是一件挺皆大欢喜的事，但是下面一句却是"绛侯、灌将军等曰：'……两人所出微，不可不为择师傅宾客，又复效吕氏大事也。'于是乃选长者士之有节行者与居。窦长君、少君由此为退让君子，不敢以尊贵骄人。"绛侯是周勃，灌将军是灌婴，这两个是诛杀诸吕的大功臣，他们这一出面，窦氏家族就此退让，小心翼翼。

这是窦氏的聪明之处，君不见后来立下大功的薄昭亦要被逼自杀，当时这几位重臣的权力虽然很大，但后来在汉文帝的权谋之下，周勃下狱，灌婴后人被撤封国，曾经骄横的权臣，亦狠狠吃了新帝的苦头，自然，这些都是后话了。

窦氏成为皇后，是在当时情势之下，薄太后母子做的一个权宜选项，所以在当上皇后之后，窦后亦是一如寻常的小心恭敬。

长安城花花世界，美女如云，一国之天子，尽可享用。后宫中

便有各种妃子冒头，如慎夫人、尹姬等先后得宠。汉文帝自命为人简朴，喜欢黄老之术，"清静无为"。窦后很老实地遵守了这些规定，衣着简朴，亲自纺织，但慎夫人却衣着华丽，招摇宫中。慎夫人甚至在公开场合与皇后同席并座，与刘恒同辇而行，处处要压皇后一头。

一次行猎游玩的酒宴上，慎夫人的席位如在宫中一般，与皇后并列，大臣袁盎看到后认为这很失礼，就命令人将慎夫人的席位挪到皇后下面去。慎夫人居然大发脾气，不肯就座，而汉文帝也因此问责袁盎。

袁盎却对汉文帝说，他如此宠爱慎夫人，不怕将来慎夫人落得戚夫人的下场吗？汉文帝悚然而惊，忙以厚礼谢袁盎。

慎夫人无子，汉文帝可能因此认为虽然不能立她为皇后，但给予她皇后同等的待遇，是对慎夫人的补偿。但他却没有想到，慎夫人今日对皇后的冒犯，会埋下将来的杀身之祸。将来新帝继位，只要有人翻起新种"越礼"的旧帐来，慎夫人就会倒霉。所以当袁盎提醒他这一点的时候，他才猛然惊醒过来。自然，事情过去，慎夫人得宠如故，窦后依旧布景板。

但这件在外人眼中已经相当严重的"失仪"之事中，窦后没有表示，是因为她素日已经忍习惯了；慎夫人发脾气，亦是因为她平时习惯了自己与皇后平起平坐而不知失礼。而纵容后宫形成这种情况的汉文帝，却是有着不可推卸的责任。在这种"下克上"的情况成了定例时，窦后的体面，居然要一个大臣扳回，的确是皇后的悲哀和无能。

此外，汉文帝刘恒爱好广泛，不但喜欢宠妃，还喜欢男宠。著名的财神邓通，就是汉文帝的男宠。所谓邓通之富，就是因为汉文帝听了卜者之言，说邓通将来会饿死。于是汉文帝大惊，将整座铜山赐予邓通，相当于今天来说，就是给了邓通铸币权，想铸多少钱就铸多少钱。

而太子刘启，也因为邓通的出现，受到了前所未有的羞辱。事情起源于汉文帝刘恒一次背上长了个脓疮，邓通为了讨好他，亲自为他吸脓疮。结果刚好太子刘启到来，刘恒一起兴起，就问太子，你可愿意如邓通一样为我吸脓疮？刘启仓促之间不及应对，刘恒见他神情，顿时冷了心肠，认为太子对自己不够真心。此事一出，就成为了刘启太子生涯中的危机。

窦氏的皇后生涯，就是面对这些一波又一波的竞争者和破坏者，她为此心惊胆战，日日垂泪。后来就渐渐地生了一场大病，眼睛也变得渐渐不能视物，直至最终完全失明。作为一个锦衣玉食的皇后，生病到双目失明，是哭得太多，还是抑郁太甚呢，谁也不得而知。

她所生的两儿一女，也在这危险的深宫中，与母亲共同经历了患难，建立了深厚的感情。所以终汉景帝刘启一生，都对这个母亲不管有理还是无理的要求十分包容。

不是没有人把主意打到皇后的宝座上，可是窦氏作为薄太后和刘恒眼中一个省心的皇后，作为大臣们眼中一个母族薄弱自己存在感同样薄弱的皇后，作为皇太子之母，大家觉得还是让她继续保留在这个位置上对大家都比较好。大家固然不愿意再出现吕后那样的权后，但也不喜欢出现宠妃夺嫡的事，太麻烦。

然而，窦氏在失宠、失明的打击之后，在这种极度痛苦中，她对

黄老之术的感情，渐渐从原来的迎合丈夫，变成了在痛苦中的心灵寄托。据说窦后在双目失明之后，经常叫人给她念诵《老子》的内容，估计此时此刻，也唯有那种提供"无为"的"黄老之术"，能够安抚她的痛苦，因此使得她终生对黄老之学有着深厚的热爱。

公元前157年，汉文帝刘恒驾崩，这是一个在历史上留下美名的皇帝，他勤政爱民、艰苦朴素、推行仁政、废除酷刑、定诸侯、平外患，开创了"文景之治"。

对于汉文帝的去世，窦皇后是悲痛的，但同时也是解脱的。在汉文帝晚年，他对双目失明的窦皇后已经情弛爱淡，窦皇后虽然对他的知遇之恩感激深重，可对于他是否可能以新欢取代自己母子的地位，也是深怀恐惧的。

现在，一切都结束了，故人只留下了美好回忆，而这种美好回忆，又会在她再也看不见光明的眼睛里，一次次被深化，甚至让她自己也深深地再度相信这种美好感情的存在。

窦皇后成了窦太后，她的儿子刘启成了新帝，也就是历史上的汉景帝。

在某些方面，窦太后一直保持着很接地气的草根性，她对生活最大的满足，并不是荣华富贵，而是亲情美满。她寻回了兄弟们，她对她的儿女们纵容宠爱，而她的儿女们与她一起经历了从代国到长安，从风雨飘摇到同舟同济，也同样对她感情深厚。

刘启继位之后，就大封窦氏亲族，太后之兄窦长君早死，其子窦彭祖被封为南皮侯，太后之弟窦少君被封为章武侯，其侄大将军窦婴，平七国乱，被封魏其侯。

汉景帝同时对姐姐馆陶公主、弟弟梁王刘武都非常友爱，兄弟两人也是感情深厚。

汉景帝刘启继位不久，就爆发了"七国之乱"，以吴王刘濞为首的七个诸侯王联手叛乱，波及天下，幸得周亚夫及时平乱，而窦氏家族的窦婴和梁王刘武也在战争中立下大功。

天下平定以后，梁王刘武入朝庆祝，汉景帝刘启设宴款待，喝到兴起的时候，说起弟弟的功劳，历数对弟弟的感情，竟一时失口，说自己死后要将帝位传给弟弟刘武。

当然这只是汉景帝的失口，但窦太后却不知道怎么地信以为真了，转眼就要汉景帝兑现承诺，要立刘武为储君。

窦太后本是草根女，其实对政治并不懂，多年来安分守己地在后宫过着温驯的生活，眼睛还好的时候，也不过是读读黄老之学，到双目失明的时候，基本上就只有靠听别人念书来打发日子了。虽然黄老之学是文景时代的政治理念，但从一家学说到政治理念的执行，还是有相当远的一段距离，奈何窦氏是不懂政治的，更不懂得皇位的交接，是不能私相授受的事情。

刘启一时失口，被顽固老妈纠缠，后悔不迭。窦太后一心把世间最好的东西都留给自己的孩子，让自己的孩子可以共享权势与富贵，而忘记了皇权并不是过家家，不但没有达到她的心愿，反而让刘启和刘武兄弟之间的感情产生了不可融合的裂缝。

窦氏族人窦婴也曾劝窦太后说父子相传，是本朝的祖制，怎可立

弟弟？结果此言惹怒了窦太后，差点要把窦婴给除名。

而刘启也知道，同他的瞎眼老母，是无法解释清这件事的。甚至别人说的话，也很难让窦太后听得进去。他不愿意和母亲闹翻脸，但更不愿意顺从母亲，于是将此事推到大臣们身上，说是诸大臣不肯。朝议几次以后，刘启顺水推舟，就立了自己的长子刘荣为太子。

有时候政治的事件，如同蝴蝶的翅膀，在某个点上扇动，却影响到下一个点。

因为窦太后逼立梁王刘武，汉景帝刘启才会匆忙立了刘荣为太子，这一立，就把汉景帝后宫中的矛盾彻底激化了。

在刘启继位之时，立的是薄太后的母族之人为皇后，但这位小薄后，并不得刘启宠爱，刘启真正喜欢的却是为他生下三子的栗姬。在刘荣立为太子之后，朝中内外，便掀起一股要求立太子母为皇后的风潮来，而小薄后也因此被废。

小薄后是薄太后的族人，她此刻被废，窦氏不发一言，可见之前薄太后和窦氏的婆媳和乐融融，更像是一出薄太后单方面操纵的亲情戏罢了。窦氏眼睛虽瞎，但是对于真情假意，还是明白的。

小薄后被废以后，此时的栗姬离后位只有一步了。而改变这一切的是馆陶公主，窦太后唯一的女儿。

馆陶公主比她亲妈更懂得后宫生存之道，她知道现在凭着亲妈亲弟弟的宠爱，她可以要风得风要雨得雨，但亲妈会走在她前头，到时候她就得在亲弟弟甚至亲侄子手底下过日子。于是她为了拍皇帝弟弟的马屁，曾经献了不少美女给汉景帝。如今看到栗姬的儿子将成为太子，她就忙去找栗姬，打算把自己的女儿陈阿娇许配给太子刘荣，结成儿女亲家，以保障自己将来依旧风光的局面。

没想到栗姬早对馆陶公主向汉景帝献美这件事怀着嫉恨之心，此时以为自己必将成为皇后，得意之下，便要将过去的怨恨发泄出来，不但对馆陶公主的要求一口回绝，言语中还有那么些不恭敬。

公主很生气，后果很严重。栗姬这一生最大的错误，就是低估了馆陶公主的能量。她以为凭着自己的美丽征服皇帝，就是拿到了一张最大的王牌至尊宝，见谁就能压死谁。她忘记了，打牌打的是一局牌，而不仅仅是一张牌。后宫的博弈，有时候不仅仅只是后宫女子们一个人的博弈，还包括其他人手中的牌。

就在馆陶公主气急败坏的时候，汉景帝另一个妃子王娡乘机讨好馆陶公主，并请求将自己的儿子刘彻许配给陈阿娇。这一举动哄得馆陶公主十分开心，自然也卷起袖子为自己的小女婿争江山。

在馆陶公主的进言下，曾经风头无俩的栗姬在接近皇后宝座的时候从天下跌入地下，已经登上太子位的刘荣被废。不甚得宠的美人王娡登上皇后宝座，默默无闻的庶出子刘彻成为大汉帝国的皇太子。

而在这一连串的变故中，不管是小薄后的被废，还是栗姬的接近后位又失去，或者是王娡的上位，对于窦太后来说，汉景帝的后宫如何变化，其实她并不感兴趣。

她唯一关心的，就是自己的儿女之事，所以只要馆陶公主要的，她就会给她。而幼子刘武已经煽起的野心，自然也不是这么容易熄灭的。

窦太后坐视刘荣被废的很大原因，就是在此后又提出立刘武为太子的要求，汉景帝自然是不肯答应的，就借口大臣袁盎等人反对为由，乘机再立刘彻为太子，窦太后愿望再次落空。而梁王刘武听说是袁盎等与他作对，大怒之下，便派刺客在宫门口行刺反对立他为储的袁盎等诸大臣。

景帝大怒之下，严令缉捕真凶。自然大家都明白，这件事太明显了，就是刘武所为，于是一查就查到刘武的身上去。刘武手忙脚乱之下，令刺客自杀以灭口。刘武自然也是不能逃脱罪行，无奈汉景帝奈何不了老娘窦太后的胡搅蛮缠，再加上姐姐馆陶公主哭闹，于是刘武之事，不了了之。

但窦太后再偏心刘武，也知道此事已经触了汉景帝逆鳞，而汉景帝虽然是个孝子，但素日在为人处事上许多方面，表现得与汉文帝极为相似。

而刘武毕竟也是娇生惯养，在一时冲动犯下如此逆天大罪之后，随之而来的追查和汉景帝的勃然大怒，也让他见识到了什么是天子之威。汉景帝虽然因为窦太后的哭闹而没有杀他，但刘武还是对差点丢了性命的情景印象深刻。因此刘武在回到封地之后，便一惊成病，不久就病死了。

窦太后在听到这个噩耗的时候惊呆了，刹那间，当年的代王后及四个嫡子的"病死"情景，又出现在她眼前。她的眼睛已经瞎了太久，唯其如此，她对未瞎之前所见过的事，记得特别深。尤其是这一幕人伦惨剧，更是多少次曾令得她午夜梦回，汗湿重衣。

旧事新景，交织在一起，而刘启这个和他父亲格外像的儿子，更让她觉得胆寒。这一刻她几乎可以认定，是刘启杀了刘武；她后悔自己的天真害死了幼子；她更害怕自己的长子变成令她害怕的怪物。

她开始整日涕泣，不吃不喝，口中喃喃地叫着："皇帝果然杀了吾儿!"

有人说，她这是骂汉景帝杀了刘武；但我想在她的内心甚至有一种可能，是否她曾经目睹代王妃在临死前，也如此诅咒"皇帝果然杀了吾儿"。或者这句话给她的印象太深，所以到了内心极度脆弱的时候，这句话不禁脱口而出。甚至在某些内心不可触及的隐秘角落里，她是否怀疑是汉景帝身上的那部分汉文帝所具有的性格，杀死了她的幼子刘武，也杀死了她心中的孝子刘启。

汉景帝毕竟与窦太后母子情深，在这种情况下，也不禁惊慌失措，不知道如何是好。这时候善解人意的馆陶公主进宫了，她深为了解母亲的心情，于是劝汉景帝把梁国一分为五，刘武的五个儿子都封王，五个女儿都赐给汤沐邑，以此劝慰窦太后，汉景帝实无对付梁王之心。

窦太后的恐惧和焦虑得到了宽慰，终于渐渐地放下心结，与汉景帝慢慢恢复了母子关系，而馆陶公主也因此受到汉景帝的更加信任。

不久之后，汉景帝去世，史家将文帝、景帝在位的时期称为"文景之治"。

汉景帝死后，汉武帝登基，窦氏从太后升为太皇太后。而这个时期，常常会因为汉武帝与窦太后政见不同，他所倚重的儒臣屡受窦太

后之打压，而把窦太后变成一个老政客的形象。

而事实上，在汉文帝时期已经双目失明的窦太后，在汉景帝时期又只留下宠溺子女故事的窦太后，此前并不曾表现出任何政治上的才能来。而对于汉武帝前期壮志不得伸张的最大原因，更可能是文景时代崇尚黄老之学的旧臣，和推行儒家理论的新派之间的派系之争。而旧臣们把老太太当成一面压制新帝的牌，而老太太则更多是出于情感因素，凭着"一辈子吃苦的老年妇女可以用孝道对儿孙们有着胡搅蛮缠不讲理的天赋权利"，而使得政治上还幼稚的刘彻不得不向这些老臣们让步罢了。

当然，人寿终有定，汉武帝建元六年，窦太后病逝于长乐宫。

从一个吃苦耐劳的草根女，到大汉皇后、皇太后、太皇太后，窦氏活了七十多岁，封后五十一年。她的人生虽然有过许多波折，虽然也有诸多不如意，但总的来说，她实在是充满运气的一生。皇后之位莫名落在她的头上，有孝顺的儿子，有听话的孙子，福寿禄都还算圆满。

尽管，她看得到的时候并不多。

西汉元帝皇后王政君

在明清以及之后的时代，一个女人如果定亲之后，还没过门，未婚夫就死了，这会被人看作什么？通常，人们会劝她从此不必再出嫁，运气好点的让她守望门寡，也就是为那个名义上的未婚夫守寡终身，运气坏一点的还会被别人歧视，骂为"克夫"。如果想再次嫁人，则身价贬了许多，大抵只能做小老婆或者嫁给娶不起亲的市井走卒。如果她再一次许配亲事，男方又来个暴病死亡，那这位姑娘估计会被人骂作"天杀星""白虎星"之类的，就差有人手持刀绳要她的命了。

但是如果在汉代，有谁家的姑娘遇上这种事，定了亲然后未婚夫忽然死亡，而且还不止死一个，那么就会有某些相士高人上门祝贺她父亲了："恭喜老爷啊，你家出贵人了，你家姑娘贵不可言，是普通人无法承受的好命啊！将来你家一定连鸡犬都可以飞升了！"

廷尉史王禁就被人这么恭喜过。王禁的次女王政君，每逢许亲之后即将成亲，那个倒霉的男人就死得不明不白，据说都是暴病而亡。一直拖到十八岁，王禁被人左恭喜一次右恭喜一次，一跺脚，干脆把这位已经无人敢来求亲的姑娘送进了宫去。

当时正值汉宣帝刘询在位，王二姑娘进宫后，在短时间内并没有显现出让她父亲满意的效果来，但是不久之后，机会终于来了。

皇太子刘奭最近挺别扭的，别扭得让他爹妈都要出手亲自管理了。刘奭还没有立太子妃，最喜欢的是司马良娣，只可惜这位美人红颜薄命，早早病死。大约是对自己还未来得及展开的精彩人生不甘心，更不甘心死后便宜太子后宫那一众情敌，于是临终前告诉刘

奭说："妾之早亡，乃是被后宫诸姬妾所诅咒，因此与君不得长相厮守。"

刘奭当时还很年轻，对感情还很执着，伤心之余把自己后宫的其他姬妾视为仇敌，再也不肯亲近任何一个。皇太子还没有生下儿子，皇后王氏大为焦急，这位王皇后的命运同王政君差不多，也是连着定亲数次都是未过门而夫婿暴亡，老爹也是被人左恭喜右恭喜过的。正好汉宣帝未登基之前就住在王家隔壁，此时正因为前皇后许平君被人害死，太子刘奭年幼，汉宣帝疑心大作，看着后宫妃嫔每一个都像是打算毒死太子让自己儿子抢位的样子，于是干脆召了这位人品信得过的邻家姑娘进宫抚养儿子。

王皇后虽然名为皇后，不过她自己连同皇帝及后宫各妃嫔心里都有数，她不过是一养孩子的保姆。汉宣帝会见王皇后的情况屈指可数，基本上见面就是听她汇报皇太子的成长状况而已。因此王皇后知道太子不亲近后宫时，甚至连汉宣帝也已经过问此事时，生怕失了自己当保姆的职责，连忙挑了五个适龄宫女，请太子好歹给她这位母后面子，尽一下传宗接代的职责。还好刘奭勉强给了王皇后面子，顺口道："就那一个行了！"那一个是谁，大家都没印象，正巧王政君那天穿了比较显眼的衣服，于是就被将错就错地送到太子宫中。

王政君的容貌和头脑，都不足以令太子刘奭产生兴趣，仅这阴差阳错的一次之后，就没了下文。不过一个人运气来了，真是城墙都挡不住，就这一次的机会，让王政君中了五百万大奖，王政君生下了一个男婴。

自从刘奭成人以来，汉宣帝盼着做爷爷已经好久，只可惜七八年下来，毫无消息。此时皇长孙降世，令汉宣帝大为高兴，立刻赐名为"骜"，骜者，千里马也，封为皇太孙。不但皇孙生母王政君立刻得以册封为太子妃，连刘奭也因为这个儿子的降生，让老爹对他的好感度大幅提升。

当时刘奭的皇太子位置，已经很有些不稳了。

汉宣帝刘询在襁褓中即遇上巫蛊之变，历经牢狱之灾，长大后又流落民间，继承帝位之后也经历阴谋种种，因此在治国手段上，说难听了叫不择手段，好听了叫王霸并用，虽然不是很厚道，但是很有效果。只可惜太子刘奭长于宫廷，爱好文学音乐，迷信儒家之学，脑袋理解事物能力虽然低下，但是口才却是超级好。他觉得老爹不够仁君，时时在老爹面前叽叽歪歪一些如"人是人他妈生的，妖是妖他妈生的，你这一棍子打下去，不要说打到啥啥啥，就算是打到花花草草也不应该"之类的废话，刘询就算是观音转世也被他唐僧到要抓狂，怒吼道："乱我家者，太子也！"

烦来烦去，刘询不免动了改立太子的心思。但是许氏家族力保太子，王皇后以太子为倚仗，大臣们也觉得"易储"是一件应当反对的事。盖易储者，改变现有权力结构是也，太子位变动，必然会有一批拥立新太子的人上台，对于已经在中枢占好位置的既得利益者而言，则是事关饭碗，必须阻止的事。

且刘询本人，因为自己做了皇帝，才导致结发妻子许平君身陷政治阴谋被人毒死，而一直感怀不已，对刘奭这个儿子再不满意，也总

不忍心伤害许平君唯一的儿子。就这么犹豫来犹豫去，正好王政君生下了皇长孙，抱孙的喜气冲淡了对儿子的怨气，刘奭一拖两拖拖过了最危险关头，到得皇太孙刘骜三岁时，刘询驾崩，刘奭继位，是为汉元帝。王政君母子也水涨船高，升为皇后和皇太子。

汉元帝刘奭在整个西汉王朝中，属于最叫人记不住的皇帝，这位刘奭先生在位十六年，不但没干过一件说得响亮的好事，连一件听着耳熟的坏事也没干过，叫人沮丧的是，我要向别人介绍"汉元帝是谁"的时候，参照事件得是"就是那个嫁出王昭君的皇帝啊"。

王政君虽然升为皇后，但是刘奭由于从来没喜欢过她，因此对于她所生的儿子刘骜也是左看右看看不顺眼，时不时地想进行职位轮换。

刘奭在度过了对司马良娣的怀念期之后，很快投入新一轮的爱情，这时候他的新欢是傅昭仪，这个美女又泼辣又有心计，还很有野心。这真是非常奇怪的一件事，刘奭本人性格软弱，但是他喜欢的都是性格强悍的美女，前有司马良娣后有傅昭仪，还有一个敢挡熊而立的冯昭仪，以及后来自请报名去了匈奴让他追思不已的王昭君，都是性格美女。王政君既没有美貌又没有手段，连胆量都欠奉，懦弱无能，自然更加不得刘奭的欢心。她在后宫唯一所能做的就是忍气吞声，连普通妃嫔都不把她这个皇后放在眼里。刘奭还时不时地想废了太子，以傅昭仪之子取代。

任何一个时代都有重臣反对易储，这次力保王政君母子的，是外戚史丹。史丹在汉宣帝时，力保刘奭的太子之位，因此对刘奭有重大影响力。史丹为了保住太子之位，建议刘奭将来自自己生母许氏家族的平恩侯许嘉之女立为太子妃。

这样一来，就把许氏家族和太子的命运连在了一起，而刘奭对于自己生母的早亡一直耿耿于怀，对许氏家族赐以高官厚禄，太子刘骜有了这样一个妻子，终于保住了太子之位。而刘奭看到太子与许妃夫妻恩爱，又有史丹力保，也渐渐把改立太子之事一拖再拖，终于拖到断气也没换掉。

汉元帝刘奭一死，汉成帝刘骜继位为帝。如果说汉元帝刘奭的性格果然如他父亲刘询所预料的一样没用，那么刘骜的性格也果然像他父亲刘奭所预料的一样糟糕。

多年来刘骜为了在父亲面前好好表现，只对许妃一人深情款款，如今已经无须做戏，自然要广开宫门，大纳妃嫔。先是宠信才女班婕妤，后来更迷恋上阳阿公主府上的歌伎赵飞燕及其妹赵合德，开始了他乱七八糟胡作非为的酒色生涯。

而此时，他的母亲王政君对刘骜那些乱七八糟的行为视而不见，推波助澜。当然，王政君这么多年来受了许多委屈，但是受过委屈的人未必就一定是值得让人投上一张赞成票的。当王政君终于十几年媳妇熬成婆了，立刻开始了她吐气扬眉的生活。

刘骜也很明白母亲的心意，十几年来母子相依为命，在父皇的嫌弃厌恶，宠妃的咄咄逼人之下，只有抱头痛哭，苦盼将来。而如今终于一旦得意，自然是要为所欲为了。于是，当刘骜广纳美色的时候，王政君也开始她"姊妹兄弟皆列土"的扬眉吐气。当初王家以为她能

够"出息"，只可惜她做了这么多年的太子妃皇后，都始终不受皇帝丈夫的待见，如今自然要能嚣张到多远就嚣张到多远。于是大封亲族，兄长王凤为大司马大将军领尚书事；王崇被封为安成侯，食邑万户；王谭等也加官晋爵，配享食邑。兄弟皆为列侯，作为政府百官之首的"大司马大将军领尚书事"一职，几乎为王氏垄断，先是王凤，其后王音、王商、王根、王莽依次任该职，形成了王氏外戚把持朝政的局面。王氏门中"五将十侯"，让世人只知有王凤而不知有皇帝。

新太后和新皇帝的得意之时，却正是新皇后许氏的失意之时。先是失宠于皇帝，又有后宫诸妃对她的位置虎视眈眈，而太后王政君对于这个儿媳妇，也早就看不顺眼了。

首先，刘奭在世时，太子妃许氏在皇帝面前比王政君更有体面，一个是亡母至亲，一个是自己的弃妇，先帝刘奭的态度自有高下，这种高下让王政君倍觉羞辱；其次，作为皇后娘家的许氏家族封侯列爵掌朝者之众居然高于她这个皇太后娘家的王氏家族之上，更是令她不能容忍；其三，许后虽然生了一子一女均都夭折，此时刘骜无子，王政君则以为是许后作梗，不许刘骜多纳妃子的缘故。

有此三桩恨事，所以当儿子刘骜在宠妃的煽动下打算废后时，立刻得到太后王政君的支持，于是一场预设好戏拉开帷幕。

汉成帝鸿嘉三年，赵飞燕密告皇后许氏与其姐诅咒怀孕的王美人和大将军王凤，王政君亲自过问，于是大狱兴起，许氏家族被诛杀干净，为王氏家族的封侯拜将腾出位置。

赵飞燕继位为皇后，其妹赵合德也被封为昭仪。

刘骜对赵合德万分迷恋，无所不从，但是赵氏姐妹多年来虽然宠擅专房，却一直无法生下皇子，怕后宫其他女人生下皇子，赵合德一边要刘骜立誓专一，一边将后宫凡有怀孕生子的妃嫔及其皇子一一杀死，一时间"生子者辄杀，堕胎者无数"。

当然，曾经是刘骜宠妃的班婕妤，也是赵氏姐妹的攻击对象之一，可是班婕妤却逃过了这场大难。班婕妤也不是一个简单的女子，皇宫里哪有小白兔呢。她在赵飞燕入宫之前是最得宠的妃子，当时许后之子夭折，而班婕妤已经生下皇子，也是争后位的热门人选。当刘骜邀请班婕妤同乘一车时，她委婉地表示了不满："我只是一个妃子，怎么可以跟天子同车呢？"意思说皇帝老兄，你忘记应该先封我为皇后啊！太后王政君对刘骜有影响力，于是班婕妤也把王政君哄得对她另眼相看，大赞她有德，"前有樊姬，今班婕妤"；赵飞燕刚入宫，她看到刘骜有移情别恋的倾向，就把自己的侍女李氏送给刘骜为婕妤而笼络皇帝……

只不过含蓄自持的才女，竞争不过来自底层毫无底线的歌伎姐妹的联手进攻。许后以巫蛊被废，赵氏姐妹立刻将班婕妤也一网打尽，不料班婕妤辩才无敌："若是诅咒有用，我早做了皇后；若是诅咒无用，我干吗要去诅咒？"弄得刘骜也无话可说。班婕妤见大势已去，立刻做了明智的选择，自请到长信宫去侍奉皇太后，退出这一战场。托庇于王政君的保护之下，在后宫中人纷纷被赵氏姐妹残害而死的时候，班婕妤却仍可安然无恙。

后宫诸妃嫔皇子屡被赵氏姐妹所残害，令得皇家绝嗣，这么严重

的情况，身为皇太后的王政君，却对此不闻不问。

王政君的为人可以拿《红楼梦》中的一个人物来比拟，便是邢夫人，王熙凤说"邢夫人禀性愚弱，只知奉承贾赦以自保，次则婪取财货为自得"，而这愚弱二字，也正适合用在王政君的身上。对于王政君来说，一则是奉承儿子胡作非为自保，二则是让她的王家一门飞黄腾达为自得。

两母子江山在手，一个纵容儿子沉迷酒色，一个放任母族外戚专权嚣张，互为交换，大家各得其所，一起happy，倒也能做到母慈子孝，其乐融融。

当然，母子俩谁也不会知道，欢乐的日子，会结束得这么快，这么令人措手不及。

公元前7年，即汉成帝绥和二年，汉成帝因服用药物过量，暴死于宠妃赵合德的床上。赵合德自知难逃一死，于是在被提审之前，自杀身亡。

而在此之前，刘骜因为一直无子，当时的候选人有弟弟中山王刘兴和侄子定陶王刘欣，刘骜听从赵飞燕姐妹的建议，册立了侄子定陶王刘欣为太子。

这位刘欣，正是当年与王政君争位的傅昭仪的孙子，也许王政君真是脑子进水了，把皇位送给情敌的孙子，把这位当年的劲敌重新请狼进门。不过中山王刘兴，也是王政君的另一位情敌冯昭仪的儿子，也许王氏家族以为，两害相权取其轻，隔了一辈也许更容易掌握吧。

然而，王政君错了。

傅昭仪工于心计，更在冯昭仪之上，当年汉元帝刘奭喜欢音乐，她就让自己的儿子刘康跟着学习音律以讨刘奭欢心，刘奭晚年病重，只有傅昭仪和刘康在身边侍奉，连王政君和太子刘骜也不能轻易见到皇帝。本来皇位离她母子只有一步之遥了，只可惜棋差一步，刘骜登基，她和儿子刘康就被大将军王凤逼着前去定陶就国，硬生生被放逐出京。

我不知道傅昭仪离开京城时，是否如麦克阿瑟般地回望京城发誓："我离开了，但是我将回来。"但是她确实做到了这一点，在离开京城二十多年以后，她又回来了。

王政君唯我独尊的太后生涯，要告一段落了。

这次回来的傅昭仪，是以定陶太后的身份回来的，作为照顾新皇帝的一个老祖母，傅太后大撒金钱，表现出一副人畜无害的样子。王政君见到昔日高傲的情敌放低姿态，竭力奉迎自己，立刻感到自尊心无比的满足，而答应让她留下。

骆驼入帐篷的游戏开始了，王政君那容易满足的自尊心让这只骆驼探入了一个头进来。只有一个人对此表现出了高度警惕，那就是——当当当，我们的五好青年王莽同志上场了。

在王家一群嚣张的蠢材中，王莽的确可以算是五好青年了，他有能力有心计有人缘有理想有手段，在第一轮与王家诸子的PK中脱颖而出，成为如今王家外戚的领头羊之一。

在王莽的操作下，刘欣的生母丁姬和祖母傅太后，只能十天和新皇帝见一次面。皇宫的酒宴上，傅太后本准备让人将自己的位置和王

政君并列，也被王莽撤掉，说："傅氏不过是个封国太后，哪有资格和真正的皇帝生母并座！"

王莽的种种限制，并没有阻止住骆驼入帐篷的速度。骆驼入帐篷，先是低下头，很温顺地挤进一个头，然后进入半个身子，然后整个身子进入帐篷，就将原主挤出去了。

新帝刘欣是傅太后一手调教出来的孙子，有皇帝这张至尊王牌在手，傅太后的态度日益反客为主，逐步以傅丁两家外戚取代王家外戚，十日一见的命令已成废纸。隔得不久，新帝先是追尊生父定陶恭王为恭皇，并加封祖母傅氏和生母丁氏为皇后。后来又借口"汉家之制，推亲亲以显尊尊"，把傅氏由帝太太后改封为皇太太后，称永信宫，丁氏为帝太后，称中安宫，与太皇太后王政君称长信宫并驾齐驱。

王政君的为人是遇强则弱，经过傅太后借机生事大闹小闹几场下来，新帝刘欣又肯定是站在自己祖母一边，于是彻底败下阵来。王莽只是一个外臣，内宫已经竖起白旗，他在宫外有通天之力也无力回天。

于是朝中上下，展开对王氏外戚的大清盘，王家子侄素来闹祸的多有能耐的少，头上的小辫子比新疆姑娘头上的辫子还多，一揪一大把，一抓一大串，很快就一个个被踢下马来。唯有王莽虽然没有任何毛病给人抓，但是一来成帝朝二十多年王氏家族根基毕竟深，二来新帝刘欣也不想闹得两败俱伤，于是双方谈和，王氏外戚退出政治格局，保持富贵和封地。

于是王莽退回南阳新野的封地，蛰伏准备，以待时机。

　　而王政君元气大伤，徒有正官太皇太后的虚名，却只能看着傅太后以最嚣张的态度在原来她的地盘上发号施令。陪伴她的，只有原来的班婕妤。自己为什么会落到这种地步呢，像王政君这样的人，当然不会反思自己的责任，想来想去，只有恨赵家姐妹弄得儿子刘骜早死，弄得刘骜绝后，才害得她没有孙子继承皇位，才会让情敌傅太后的孙子做了皇帝，令得她老来受欺负。只是如今她再恨赵飞燕，也没有办法报仇了。赵飞燕因为劝刘骜立刘欣为帝，对新帝立下大功，也已经受封为皇太后，在傅太后的庇护下逃过大难了。此时一宫四个皇太后，最有权力的莫过于傅太后，而最没权力的，却是如今的王政君。曾经在她面前低眉顺目的傅太后，如今可以指着她的鼻子骂"死老太婆"，王政君却也只好听着。

　　但是，傅太后也好景不长。王政君的儿子刘骜固然毛病多多，纵容宠妃使自己绝了嗣，但傅太后的宝贝孙子刘欣的问题更大，刘欣却是——性取向有问题。

　　傅太后是个野心和控制欲都极强的女人，她早就暗暗耻笑王政君居然放任赵飞燕做了皇后，而不是安插自己娘家的人，而刘欣的皇后，自然是出自傅家门中。刘欣除了傅皇后之外，别无妃嫔，从朝堂到后宫，都被傅太后控制得严严实实。

　　刘欣从出生以来，他的人生就是一丝不错地按照傅太后的要求来过。但凡是人，总是会有自我意志的，刘欣自做了几年皇帝之后，胆气日足，已非原来祖母膝下的小孙子，对于傅太后的控制也开始有所

不满。无奈外朝内官，都是傅太后的人，一时难以突破，郁闷之下，和身边的小亲随董贤发生了同性恋情。傅太后得知此事，惊得目瞪口呆，立刻大发脾气，要对董贤下手。而刘欣则一反常态，开始对抗祖母，并且不惜为董贤封侯，把董家的七亲八戚也比照傅丁两家外戚而大肆封爵。

与其说是刘欣被爱情冲昏了头，更不如说是刘欣借着董贤之事，来发泄对二十多年不由自主的人生的不满，借着大封董氏家族，来削弱威胁到皇权的傅丁两大家族势力。为此，他竟罢免亲舅舅丁明的大司马之职，送给男宠董贤，一时间，董贤成为仅次于皇帝的王国第一权势人物，刘欣甚至扬言要效法尧舜，将皇位禅让给董贤。

傅老太万没想到搬起石头砸了自己的脚，最后竟然失败在亲孙子的手里，祖孙俩对峙了许久，各自斗得病倒在床，傅老太毕竟年纪较大，很快就呜呼哀哉。而刘欣多拖了一年，也因为体弱多病而早亡了。刘欣在位仅七年，死后被谥为哀帝。

王政君毕竟在后宫数十年，虽然一时失势，潜势力仍在，竟然是她最快得到了刘欣去世的消息。经过这么多年失势的教训，王政君再愚弱，此时也知道权力实在是个太好的东西，她赶在皇太后赵飞燕和傅皇后之前跑到了刘欣的尸体前，一把将玉玺抓到了手里。

将玉玺抓到手中的王政君，立刻召已经在傅老太死后回京的王莽入宫秉政诸事。姑侄联手，先把中山王之子，年仅九岁的刘衍召进宫来继位，是为汉平帝。然后立刻展开大反攻，先是将身为大司马的董贤处死，然后将傅太后、丁太后的已经葬在皇陵的尸体统统扔出去。

当然赵飞燕也没放过，她先是被贬居冷宫，然后又被废为庶人赶去守陵，最后被逼自杀。

愚蠢了一辈子的王政君为何忽然在关键时刻表现出政治的敏感，迅速掌握了大权，在新旧皇帝交替的百忙之中为何仍有人抽空关注着赵飞燕，将她一步步贬居逼死？此时，昔年在成帝朝腥风血雨的后宫唯一以智慧逃过了赵氏姐妹毒手的才女班婕妤，多年来一直在长信宫侍奉着王政君。当然，如果我们的想象力再稍许延伸一下，从王政君这一系列的行动中，是否能看到这位昔年成帝宠妃的身影呢？我觉得这是可能的。这时候的班婕妤和赵飞燕之间，是否印证了那一句名言："谁笑到最后，谁笑得最好！"至少我们可以知道，从宣帝朝到西汉灭亡，诸外戚朝起暮亡，而唯有班氏家族，虽无大兴大旺，却也始终保持不受大劫，直至东汉仍在延续着家族的传奇。

吃一堑长一智，王政君与王莽接受上一次的教训，不许刘衎的生母卫姬入京，封其为中山太后，永留封地。为了控制小刘衎，又将王莽的女儿封为皇后，将平帝刘衎完全掌握在王氏姑侄的手中。

王政君这辈子说来可怜见儿的，在娘家不受父母待见，出嫁不受丈夫待见，连儿子也早被宠坏，仅仅在形式对老娘大封外戚表示了一下孝心，大部分时间还是只管自己同后妃玩乐，哪里关心过老娘的心情是好是坏。王政君这辈子，只有在王莽身上感受到了知冷知热，关怀体贴。

马斯洛说人生有五种需求：第一层需求，physiological，生理需求；第二层需求，safety，安全感需求；第三层需求，love，情

感需求；第四层需求，esteem，尊重感需求；第五层需求，self-actualized，自我实现需求。

作为太子妃、皇后、皇太后乃至太皇太后，王政君不愁吃穿，第一层需求是不成问题的。多年来她在元帝时期、哀帝时期，是没有安全感的，但是到目前为止，这一层需求也是可以解决的。唯有情感需求、尊重感需求，她这一辈子始终没有得到过，而自我实现需求，她更是想都没有想到过。

而如今，王莽一一满足了她。王莽待她孝顺万分，不但满足她的亲情需要，还鼓动她常到元帝的太子旧宫，听着她一次次叙述着虚构出来的当年夫妻恩爱之情，满足她这辈子从未有过的情感需求；王莽待这位姑母毕恭毕敬，又鼓动她"遵帝王之常服，复太官之法膳"，尊崇到高于帝王的份上，大大满足了她的尊重感需求；更是安排她四季出游，接见些穷苦孤老贞妇，让老太太居高临下地赏赐财物，看着那些感激涕零的弱势群体，大大满足了老太太的自我实现感。

王政君自将玉玺抓到手中之后，就牢牢不放，任何事情都要掌握在她的手中。王老太太的眼光见识，大约只能够看到自己眼皮子底下的三寸地。对于她来说，只要她的位置至尊无上，只要她娘家王氏家族在朝中说一不二，她就心满意足了。对于她那个能干又孝顺的侄子王莽，更是十二分地满意，满意到挑不出一点意见来。

生活多么美妙，权力多么美好，美好到王政君已经完全看不到，周围潜滋暗长的环境变化。投桃报李，感觉到前所未有的快乐的王政君，在群臣一次次的上书中，将王莽的权力一升再升，使得王莽"爵为新都侯，号为安汉公，官为宰衡、太傅、大司马，爵贵号尊官重，一身蒙大宠者五"，达到至尊之位。

五好侄儿王莽的话，怎么听怎么有道理，在位仅四年的平帝刘衎被王莽毒死，她也完全相信那是久病不治，抛开一众年长的刘氏宗室，挑中远房仅两岁的刘婴为帝，她也相信那是为了王氏家族的利益。

身为王莽橡皮图章的王政君，痛快地在一次次的奉承中，在王莽递上来的一份份诏书上"啪啪啪"地盖上手中的玉玺，只要她手中还握着玉玺，只要朝中还是她王家的人当政，有什么可担心的呢。至于她手中的实际权力，什么时候已经在王莽一次次递上的诏书中暗暗转移到了王莽手中，她却是毫无觉察。

可是她的好侄儿王莽，却连这一个让她盖章的过程，也懒得继续敷衍下去了。直到王莽头戴皇冠，自称皇帝，废幼主改国号，派人冲进宫来，直接要她交出玉玺时，王政君这才如梦初醒，然而对于她来说，"关键时刻无能为力"是她一生为人的写照。此时此刻，面对自己一手养大而反噬的老虎，王政君也只有大骂一顿大哭一场，将玉玺摔在地下而结束。

自此，西汉王朝结束了。

玉玺摔在地下，摔破了一个角，王莽不在乎，拿黄金补补，破玉玺还是玉玺，照样使用。对于这位改变他一生命运的姑母，王莽还是心怀感激的，她是汉室的太皇太后，也是他王家新朝的"新室文母太皇太后"。对于王政君的态度，还是像以前一样孝顺恭敬关怀有加。

但是对于王政君来说，原本她是这江山这王朝的主母，现在变成了客人，而原来被她提携沾光的客人，变成了主人，这一切足以让她痛苦万分。元帝待她再不好，他也是她的丈夫，他给了她和她的家族尊贵荣耀，而刘家江山汉室天下，却毁在她的手中，更是令她追悔莫及。

而王莽此时的"孝心"，更是在她受伤的心上撒盐。王莽居然拆毁了元帝的庙，在这上面为她修了生祠，称为长寿宫，还在那里大摆宴席为她庆祝，这一切的名义，居然是为了让她开心。王政君大受刺激，痛哭失声："这里是汉家宗庙，无故毁坏！我本汉家妃妾，岂能辱先帝庙堂来饮酒高会！"

从此之后，王政君不肯再出来了，她固执地居住在昔日宫中，命令自己宫中所有的人都穿着汉朝旧服色，依然按汉家的规矩行事，在沉迷往日的追忆和无尽悔恨中，仍旧牙好胃口好吃嘛嘛香地活到了八十四岁高龄才寿终正寝。

而她死后，仍然未能完成与丈夫汉元帝合葬的心愿。新朝皇帝王莽宣布为她服丧三年，为她在元帝渭陵相距一百一十四丈的陵冢之外再起新陵，又挖掘了一条沟壑，以示新室文母与汉家元帝的绝缘。

王政君没有看到，在她死后十年，绿林赤眉起义，王莽被杀，新朝结束。光武帝刘秀建立了东汉王朝。

当然，这将是另外一个故事了。

以退为进

东汉和帝熹皇后邓绥

话说这一天，才女班昭因为写《汉书》要到皇家的东观藏书阁查资料，于是跟当时的皇帝，即东汉和帝刘肇打了声招呼。结果这一打招呼，刘肇给她找了个差使。

　　原来刘肇最近后宫闹家务，皇后阴氏嫉妒，和后宫妃嫔们闹得鸡犬不宁，令刘肇深为烦恼。听说班昭除了在写《汉书》之外，还有另一部关于如何做一个符合标准好女人的书《女诫》也正在撰写之中，于是问了一下大致的内容，觉得他的后妃们如果都被《女诫》洗脑之后，他老兄就可以左拥右抱，安枕无忧了。

　　班昭看在皇帝面子上，勉强应了下来，其实心中觉得很无聊。班昭出身名门，那位著名的西汉成帝班婕妤，就是班昭的祖姑母，班昭的父亲是史学家班彪，两个哥哥分别是史学家班固和"投笔从戎"的名将班超。后来因班彪班固先后去世，《汉书》还没有完全编成，而班昭主动请求让她来完成《汉书》的写作。

　　以女子之身，来参与史书的撰写，亘古未有，更何况是本朝汉家历史的书写，从这一点来说，班昭本身就是一个极具才华和自信的女子，"柔弱"一词与她无缘。能得到皇帝亲自点名将本朝历史交给她来书写，让本朝大儒马续、马融、玄学家郑玄等人拜在她的门下跪听教诲，出入公卿之门，班昭自己这一生的所作所为，也与她在《女诫》中所倡导的相去甚远。

　　班昭这一生才高望重、挥洒千秋、荣誉滚滚、恣意而行，她的丈夫曹世叔死后她没有再嫁，不为别的，只为雄飞已久，焉甘再度雌伏。当然她这种以自我为中心的生活方式，自然成为女儿们的榜样。

然而班昭这一生经历世态炎凉，自己早已经修成金刚不坏之身。但是她却是修史的人，知道自有文字的历史以来，女性的地位一天天被扼制，她能够这样自在，是各方面的综合因素所造成的。丈夫的早亡、母族的强大、自己的才气还有足够的运气，才能使她可以这样潇洒一生。而她的女儿们没有她这份才气手段，想要学她这样任性妄为，却没有这个资本，只怕在这个社会里会处处碰壁甚至粉身碎骨。本着一颗慈母的心，班昭想着女儿们如今才不过十几岁，人生观还没有定型，企图用另一种极端的方式，矫枉过正地给她们重新洗脑，希望使她们可以扳回一点适应现实社会的心境来。于是，她用夸张的手法，写下了这本《女诫》。《女诫》对于班昭来说，那真是一个历史的误会，那原是个家庭特殊读本，怎么晓得后来成了千秋万代的必读书了。班昭若是知道后世竟然会把她这本书变成压制女性的凶器，一定要申告那些道学家盗用她的名义。

所以当班昭听到刘肇居然要她进宫教后妃们学习《女诫》时，只觉得可笑无比，但皇帝的面子不能驳，只好再加点要求说要她来教可以，内容由她来定，除了《女诫》之外，还要教天文地理经学历史等。

当然身为宫中后妃，最重要的职责是讨皇帝的欢心，这些妃嫔学生的心中恐怕更注重的是化妆的技巧、肌肤的护理、发型的梳理和衣服的搭配，又不是要考试升级，学这些天文历史做什么？老师马虎地教，学生敷衍地学，混过一段时间也就算了。但是班昭却没有想到，这次客座讲课的宫妃学生们中，却有一个不同一般的妃子，她就是刘肇的宠妃贵人邓绥。

邓绥是刘肇的新宠，正因为后宫有邓绥的存在，皇后阴氏才会恨得咬牙切齿，摔摔打打，弄得后宫鸡飞狗跳，令得刘肇焦头烂额，班昭才会被拖来紧急开办提高素质特训班的。

阴皇后跟邓绥说起来还是亲戚，阴皇后出身于光武帝刘秀之后阴丽华的家族，而邓绥的祖父是东汉开国功勋太傅邓禹，父亲邓训，母亲是阴丽华皇后的堂侄女。

阴丽华是著名的美女，当年光武帝刘秀在未做皇帝之前看到了阴丽华，惊为天人，说了这么一句名言："做官当作执金吾，娶妻当娶阴丽华。"想当年阴丽华凭着美貌和温柔，打败了出身豪族的皇后郭圣通而入主正官，荫及家族。而今，刘肇的皇后阴氏和贵人邓绥，则都多少因遗传到了阴丽华的美貌而得宠。

阴皇后和邓绥同龄，在刘肇十四岁时，都作为六官候选之人进入名单，不料此时正好邓绥的父亲忽然病故，邓绥守孝三年之后，才重新进入宫中。

就在这三年之中，阴氏已经以她的美貌和才华得宠于刘肇，阴氏和邓绥既属亲戚，深知邓绥的美貌和实力不在自己之下，若是进宫必是强敌，因此阴氏家族内外活动，赶在邓绥进宫之前让刘肇先封其为皇后了。

这对于邓绥及邓氏家族来说是个不小的打击。邓绥的美貌，尤在阴氏之上，《后汉书》中说她入宫之时"姿颜姝丽，绝异于众，左右皆惊"，立刻把阴氏压了下去。而且邓绥从小早慧，据说她六岁就读

史书，十二岁精通《诗经》、《论语》，喜欢看典籍，专门爱和兄长们进行学术辩论，对于针织女工等女孩子们应该学会的事却一点也不感兴趣，惹得她母亲发牢骚说"你想做女博士吗？"她的父亲邓训也从来不把她当成女儿看待，还喜欢和她一起商议事务。

因此，虽然晚了阴氏三年入宫，但是邓绥却仍然有着极为强烈的自信，自己是胜于阴氏的，就在邓绥入宫之前，甚至在邓氏家族中已经有了关于邓绥的一些奇怪传闻。

就在邓绥第一次被选入宫之前，邓绥做了一个奇怪的梦，梦中她以手抚天，还抬头饮用青天上的钟乳。这个怪梦立刻被解释成"帝尧曾梦攀天而上，商汤也曾梦登天而食，这是帝王之兆"。家中又找了相面人看她的面相，又被解释为"成汤之格，有主理天下之份"。不过古代这种释梦相面都出自本人发迹后的自我追述，真实性有些难料。但是入宫之前，邓绥的叔叔邓陔曾特地秘密地告诉她："据说活千人者，子孙有封。你爹邓训当年修石臼河，救活数千人。所以我们家一定会降福的。"又说："你祖父（邓禹）说过：'吾将百万之众，未尝妄杀一人，其后世必有兴者。'"

背负着"振兴家族"、"帝王之相"这样的殷殷重托，和自小到大在家人宠爱和文章才华中养成的自信心，邓绥做着一国之母的美梦，踌躇满志地即将入宫，却在这个时候因为父丧而守孝三年，三年期满，等她再次准备入宫时，皇后之位已经属于阴氏了。

第一仗，她连照面都还没打，就已经输了。

邓绥进宫，很快就得到刘肇的宠爱。邓绥身材高挑举止温柔，和娇小而泼辣的阴后恰如春兰秋菊各擅胜场，皇帝老兄喜新不厌旧，左拥右抱甚是快乐。

但邓绥的烦恼也从此而来，阴后独宠三年，脾气已经随着地位一起上升，忽然横地来了个第三者，分走一半的爱情，如何能够不气？仗着人头熟地位高，明里暗里穿小鞋使绊子飞刀冷箭放了不少。后宫的美女们一来是多了竞争对手，二来是有皇后撑腰，也一齐排挤于她。可怜邓绥从小到大人见人夸，怎么忽然间站不是坐不是，总之是左右不是人，在皇宫中处境艰难。就算向刘肇哭诉，可她虽然身为刘肇的新宠，却也没有到了刘肇不管啥事都完全袒护她到底的程度。

邓绥毕竟还只是个十六岁的小姑娘，初初离开家庭，遇上这种职场欺负新人的环境，真是适应艰难痛苦不堪，甚至苦于无法表述，咽泪装欢，却正是在这个时候，遇上了班昭。

这时候班昭五十来岁了，邓绥的年纪正和她的女儿差不多大，但是温柔好学，远胜于她两个任性过头的女儿。她在后宫教学，大部分妃嫔包括阴后在内，基本上没什么心思放在学习上，唯有邓绥能够和她进行深入的沟通和交流，若不是身份有别，班昭险些要叹一声："你简直比我的女儿更像是我的女儿。"

两人的感情，很快就沟通到可以交心的程度，班昭知道了邓绥的处境。当时纸张尚未发明，人们读书还要靠竹简，一本书可以堆上一间房子，能够看上一两本书的人已经是凤毛麟角，能够得班昭这样一个精通历朝历代宫廷争斗的史学家相助，对于邓绥来说，犹如在茫茫荒野中，是凭本能探索，还是手持最全备的装备一般的巨大差别。

当然，师父领进门，修行在各人，班昭同样也给阴后上过课，可是两人硬是擦肩而过毫无缘分，这也是没办法的事。班昭对于邓绥的烦恼并没有给具体的指点，只是意味深长地把刘肇请自己入宫教学的目的说给她听，并把《女诫》这本书拿给她看。

书，人人会读，有人背死书而有人读活书，如果有人凭一本《易经》可以练成武功高手，那么自然邓绥也可以将《女诫》解读成后宫生存攻略。当邓绥知道刘肇曾经在看到《女诫》时感叹："如果我的后宫人人都是遵守《女诫》的人该有多好！"那么没关系，符合刘肇先生审美标准的新一代《女诫》标兵将很快出现在他的眼前。

在后世，中国有一位叫寒山的和尚问一个叫拾得的和尚："今有人侮我，冷我，笑我，藐视我，毁我，伤我，嫌恶恨我，诡谲欺我，则奈何？"拾得说："子但忍受之，依他，让他，敬他，避他，苦苦耐他，装聋作哑，漠然置他，冷眼观之，看他如何结局。"

同样，外国也有一个名叫耶稣的宗教宣扬者对他的门徒说："如果有人打你的左脸，你就把右脸也送上去给他打吧！"

当然，初听到这种论断，会觉得很蠢而不可思议，但是真正领悟到这一点，你将获得巨大的成功。追随耶稣的信仰者已经遍布全世界，一个叫甘地的人成了印度国师，寒山拾得也成了千古高僧。

邓绥虽然没有这么大的成就，也许她领悟得还不够深远，但就以她所领悟到的那一点，已经足够她受用终身。对于邓绥来说，这并不难，她原本就是一个懂得克制的人。在她五岁的时候，她的祖母要亲自为她剪头发，由于老眼昏花，剪刀把小姑娘的额头弄伤了，可是小姑娘一声不吭，事后才说："祖母因为爱怜才为我剪发，我如果哭喊，就会使祖母内疚伤心，因此我才忍住了。"这种善解人意的天赋，使她在成长过程中一直顺风顺水，倍受家人的宠爱。只不过这种自我克制体贴他人的行为，对亲人而言是自然而然的，但是面对一个对你有恶意甚至有过恶行的人来说，如果思想上没想通的话，真是很难表现出来的。

现在邓绥却已经想通了，也许她做不成圣人高僧，没办法将自己脱胎换骨成超脱的人，但是她既然可以把《女诫》当攻略，当然也可以拿圣人高僧的思路当攻略。

于是我们在接下来的日子可以看到，邓绥不再像其他后妃一样抢夺刘肇留在自己身上的时间，相反，她还常常装病，劝刘肇去临幸其他后宫的女人，甚至亲自选择和推荐美女给刘肇。她不但积极博取其他妃嫔的好感，甚至对于宫中的那些宫女宦官们也态度谦逊，施恩市惠。

当然，对于最大的对手阴皇后，她更是表现得无可挑剔。邓绥一反原先竞争对手的姿态，以极度谦卑的态度来表示自己的退让。当宫中举行宴会，所有后妃打扮得艳丽无比时，邓绥总是衣着朴素不加修饰地企图把自己藏到人堆中去；在阴皇后出现的场合中，邓绥总是要把自己蹲下一点，免得显得比阴皇后高；凡是阴皇后在场，她一定会让皇后先开口，就算刘肇指定问答，她也总是先怯怯地看阴皇后的眼色才敢开口；凡是她的衣饰颜色式样偶尔与阴皇后相同，她都立即更换，表示谦卑。

邓绥的种种表现，让刘肇惊叹自己心目中的完美女郎终于出现了，此外，更是犹如一台打字机，在邓绥的脸上打出"受虐"两字外，也在阴皇后的脸上"啪啪"地打出"悍妇"两字。

人总是对得不到的东西更看重，邓绥越躲着刘肇，刘肇越发对邓绥迷恋。刘肇看邓绥的眼神越来越热情的同时，当然也会对阴皇后越来越冰冷嫌恶。当邓绥在后宫的人缘越来越好的时候，也是阴皇后的人缘越来越坏的时候。

阴皇后郁闷到要内伤了，发现自己什么都没做，怎么就一夜之间变成了一个大恶人了？邓绥那种委委屈屈的态度，每一次都能够成功地激起她的怒火来，而每当她情绪失控时说出的话做出的事，总会这么凑巧地被人撞见成为呈堂证供。

也许我们只消把时间往前推上几十年，就可以看到曾经上演过同样的历史。当年晋升为汉光武帝刘秀妃子的阴氏家族祖姑奶奶阴丽华，就是同样以退为进地用最谦卑的态度，反衬出当时身为皇后的郭圣通一副悍妇样子，从而成功地踢下郭圣通令得自己成为皇后。几十年后阴皇后似乎已经忘记了这茬事儿，但是反而被邓绥用心地学习记住并重新排练了。

当邓绥越来越得宠，而阴皇后则彻底失宠的时候，忽然间和帝刘肇生了一场大病，病到险些垂危。邓绥服侍病榻前，寸步不离，表现出一派贤妻风范。而阴皇后眼看自己想见刘肇一面都被嫌弃，愤怒之下冲口而出："有朝一日我若得志，必叫邓氏家族一个不剩！"

现在已经无可考证阴皇后这句话是在被刺激时说出还是被激将中

说出，是被设套说出还是存心说出。总之，这句话很快传到了邓绥的耳中，而且是在一个人数较多的场合中。邓绥当场对这句话用行动进行了反应，她当众拿起毒药表示要自杀。据说一个人真正想自杀，她会选择夜深人静无人发现的时候，免得被人所阻止。显然邓绥的自杀行为被阻止，但是谁也劝不住她，邓绥凄惨地哭诉说："我平时敬奉皇后，小心翼翼，唯恐有半点不周，谁想到就连这样也不能见容，更连家族都连累了。与其将来像戚夫人一样遭受'人彘'的下场，倒不如现在就一死了之，也可以上报帝恩，中免族祸了。"

邓绥执意寻死，居然在场这么多人没办法阻止她，直到宫人谎报说皇帝的病已经好了，这才暂时阻止了她的自杀举动。

当然，这时候刘肇是否已经病到无可救药，恐怕一直在刘肇身边的邓绥会比阴皇后更清楚，我们只知道在这件事后不久，刘肇的病情已经渐渐好转，而且也已经有人很勤快地把在他病重时发生在阴皇后和邓绥之间的事情向皇帝报告过了。

这一年刘肇才二十岁，虽然经过一场大病，却还正是血气方刚热爱生命的年纪，听说阴皇后居然已经当他是个死定了的人，而且摩拳擦掌地要对他心爱的女人下毒手，而邓绥哭诉的"人彘"令他仿佛看到了吕雉的前例，除了残忍之外，吕雉大杀刘氏宗族，险些毁了汉室江山，更是令他心胆俱碎。而形成反比的是邓绥忠心耿耿地不但服侍周到，而且还打算以身相殉，相比之下，简直一个是恶魔一个是天使。

这时候，压垮骆驼背上的最后一根稻草出现了，宫中有人告发阴

皇后和其外祖母邓硃私为巫蛊，诅咒皇帝。刘肇想到自己前不久生的那一场大病，想到生病时阴皇后计划要对邓绥下手的事情，立刻认定了阴皇后的罪行，下令严厉追查，决不手软。

追查的过程极为残酷，阴氏家族在酷吏的严刑拷打下，阴皇后的舅舅邓奉、邓毅、弟弟阴辅都被活活受刑至死，终于得到了一份令皇帝满意的供状，招认了阴皇后的确内外勾结诅咒皇帝。

刘肇立刻废了阴氏皇后之位，将她幽禁在桐宫之中，不久阴皇后便"忧惧而死"。自此阴氏家族死的死，流放的流放，彻底完蛋，接下来就应该商量邓绥做皇后的事情了。

这个时候似乎应该是弹冠相庆得意万分的时候，然而邓绥却病倒了。

阴、马、窦、梁、邓是东汉开国以来的五大豪族，数十年来，五大家族既在政治上相互对抗又在家族间联络姻亲，形成一张关系错综复杂的网络。邓绥的母亲出自阴氏家族，而阴皇后的祖母邓硃也出自邓氏家族，这一次阴皇后连同阴氏家族一起倒台，邓绥及其邓氏家族虽然大获全胜，然而在邓绥的心中却很不是滋味。那些被严刑拷打致死的、自杀流放的阴氏家族中人，有不少是她的舅舅、姑父、表兄弟、表姐妹，是她的亲人。

邓绥表面谦和，其实内心十分高傲，也因此是一个自我道德感非常强烈的人。她毕竟还只是一个十八岁的女孩子，当对手倒地时，面对成功她第一个念头不是得意，而是惶恐。

当初要对付阴皇后的时候，她绝对是目标明确心无旁骛，直到对手倒下的那一刻，她才真正看清自己到底做出了什么事。"我虽不杀伯仁，伯仁因我而死"，这样的念头缠绕于邓绥的心中，她虽然可以用种种理由来为自己分辩，毕竟整个争斗是阴皇后所挑起的，也是阴皇后先动的杀机，如果今日邓绥落败，邓氏家族和她本人，也许会被阴氏家族和阴皇后整得更惨。但这种宫廷斗争的血腥和残忍，变成了邓绥对自己心灵的一种拷问。

所以当阴皇后被废已成定局时，她顶着刘肇的雷霆之怒为阴皇后求情，当人人登门道贺时她闭门惶恐不安，当朝中上下都在议论她将要做皇后时她反而大病一场，当刘肇提出要让她做皇后时她反而再三推辞，甚至于在自己最后手握大权时，她仍然念念不忘赦免阴氏家族回京并赐以金帛以安养。

邓绥也不明白自己为什么临战而怯，也许她做这些徒劳的事情，也只不过是为了缓解一下自己内心的压力。她毕竟还很年轻，她还没有老奸巨滑到面不改色趾高气扬地接受这一顶带着血腥的皇后之冠。

每个人的成长过程中都要经历这一关，从无所顾忌到自我反省，从开始的以自我为中心不择手段到后来的前后衡量小心误伤。邓绥在她的长成过程中，必须要经过与自己心理交战的这一关。

邓绥之所以能够在宫廷这种环境中还能够奢侈地让一切停摆，任由自己沉湎于天人交战，还是因为她这一时刻，已经扫清了所有的对手。如果这时候出现一个劲敌，我可以保证邓绥立刻打消她那伤春悲秋的心理，转眼就爬起来穿上各式铠甲又是宫廷斗士一名了。

邓绥仍在犹豫，仍在彷徨。对于刘肇来说，他看到完美女郎的完

美面具裂了一条缝，暴露出了她的彷徨犹豫、她的柔弱无措，反而更令他心动了。邓绥的完美姿态固然符合了他的审美情趣，当她不再坚持完美，当她让他分担了她的负面情绪时，却是更能够令他动心。

过了三个多月，当邓绥终于走出了她的心理阴影时，也正是水到渠成，朝中上下都已经默认她为唯一皇后人选的时候，和帝刘肇的册后诏书终于下达："皇后之尊，与朕同体，承宗庙，母天下，岂易哉！唯邓贵人德冠后庭，乃可当之。"入宫六年以后，邓绥终于戴上了那顶迟来的皇后之冠。

这一次的自我心理斗争对邓绥极其重要，她走出了心理低谷，也确定了对自己的心理定位，在此之后无数件类似的政治风波中，我们再也没有看到邓绥有犹豫彷徨的时候，她胸藏城府冷静从容，做出清晰明确的决定。

做了皇后的邓绥，仍然以前代贤后为榜样，做刘肇的《女诫》标兵完美女郎，同时对于按惯例大封皇后外戚的情况加以阻止，取消进贡珍玩的陋习等，并行使种种贤德的行为，深得宫中内外的好评，做了数年刘肇的好妻子，大家眼中的好皇后。

好景不长，邓绥封后之后不到五年的时间，汉和帝刘肇旧病复发，死于章德前殿，享年仅二十六岁。

二十四岁的邓绥成了寡妇，也同时由皇后升位为太后。面对一个江山，这位以忍让温和小心谨慎出了名，在刘肇活着时从未接触过政务的"善人皇后"，如何才能在文武百官各怀心机的眼光中，坐稳位置？她会是一个家族的傀儡，还是权臣手中的工具，还是被高高挂起的壁画？

在群臣看好戏的眼光中，邓绥表现出的强悍和能力，立刻让大家大跌眼镜，很快就笑不出来了。

当时刘肇还活着的儿子有两个，一个是八岁的刘胜，一个是刚满百日的刘隆。邓绥一反历来"淡泊、谦逊、忍让"的态度，强悍地以刘胜"有痼疾"为理由，不顾非议废长立幼，指定襁褓中的刘隆为新皇帝，将大权全部掌握在自己的手中，她以皇太后身份临朝称制，自称"朕"，掌握了实际权力。

邓绥登上权力最高位置之后，就一反做皇后期间坚持抑制后族的态度，大封邓氏外戚，接手要害部门，掌握重大权力。如长兄邓骘从一个中级武将直接提拔为上蔡侯、车骑将军，待遇等同三公，成为百官之长并掌管兵权；弟弟黄门侍郎邓悝则为虎贲中郎将，与邓骘在掌握军权上相呼应；另外两位兄弟邓弘、邓阊都晋封为侍中，统率文官。而对于其他重臣，则加强了监视和襟绊，如太傅张禹就被下旨令他留宿禁宫，五天才许回家一次。

除了积极加强权力控制之外，邓绥在政治上所发布的一系列诏令，显得如此成熟而有针对性，也是令人吃惊的。人们想象不出来，为何一个在深宫之中从未接触过政治的女人，表现得比一个老手更能干。

人们或者忘记了，邓绥年轻，她身后的班昭却已经不年轻了，邓绥虽然没有接触过政治，但是整个汉代政治，历代帝王的成败优劣，以及目前朝政的利弊，却都早在班昭的脑子里了。

虽然说邓绥已经是东汉最厉害的女主了，但是有件事却很有趣，原本是辅佐她的两个助手，在后世的名声比她更响亮。一个是写了《汉书》的班昭，另一个则是——四大发明中的造纸术的发明者蔡伦。

蔡伦身为宦官，造纸不在他的工作范围内，他能够这么一脑门子地钻研进去，对找出可以取代竹简的轻便文具如此重视，也许是因为他也看过太多太多的书了，对竹简的不方便有切肤之痛。另外，这是否也说明，蔡伦本身的才学也很高，只是被造纸术这种太过响亮的功绩给盖过了。但是蔡伦之所以能够掌权封侯，并不是因为他的发明，而是因为他多年来在邓绥掌权的过程中所起到的政治作用。

有两大名垂青史的牛人相助，再加上邓氏家族的助力和其他种种综合因素以及本人的高素质，邓绥的执政能力和水平可想而知。

在刚执政的几个月里，针对当时的国力不足，针对当时各级的浪费奢侈，她采取了一系列措施，如她下发诏令，削减太官、导管、尚方、内署的各种御用衣服车马、珍肴美味和各色奢靡富丽的用品；把太官、汤官的固定费用由每年将近二万万钱削减至数千万钱；把各郡、各封国的贡物，都将数量削减一半以上；把上林苑的猎鹰、猎犬全部卖掉；各地离宫、别馆所储备的存米、干粮、薪柴、木炭，也一律下令减少。

这一举措，大大缓解了财政困难，也对天下官吏起到了表率作用。

但精兵简政，压缩经费，一定会招致既得利益者的反对，于是邓绥为减少政治敌对势力，进行了一系列示恩施惠的政策：她下诏赦免了建武(光武帝刘秀年号)以来因罪囚禁者，包括前朝明帝、章帝被废黜的皇后马、窦二家都宽赦为平民。邓绥又提倡教化，重祭祀兴学府，并重修五经诸史，当时重修经史的主持人，就是造纸发明者蔡伦。如此种种，深赢得士大夫之心。

甚至对于官员的私心，她也十分清楚，并下旨重斥说："水灾为患，各级官员粉饰太平，妄求政绩，隐灾报喜，藏忧生患。农田毁坏报成垦田增加，百姓流散报成是增加户口，隐瞒罪案纵容凶徒，任用私党滥用权力，令得百姓受祸。京官外官勾结，不知畏天不知愧人……"并下旨责成二千石以上高官必须对此负责，一时群臣畏服。

邓绥并且亲自过问重案，甚至审出了几件著名的冤狱，又下旨遣散宫中的许多宫人，以及赦免众多因罪没入官中的贵族子弟，如此市恩，一时间人人称颂。

除了做出显著的政绩之外，邓绥那极其强烈的权力欲，也和她的政绩一样强悍。

那被她选中的小皇帝刘隆，才八个月就去世了，即殇帝。当初她以"痼疾"而被剔除的刘胜，却还活得健健康康的，可见当初那个理由的牵强。可是就算刘隆死了，刘胜也同样没机会，因为邓绥不会再给他机会。早在刘隆刚继位的时候，邓绥已经选好后备，在诸王各返封地时，她把刘肇的兄弟前废太子刘庆十三岁的儿子刘祜留了下来，此时便推出刘祜立为新皇帝，即为安帝，由邓绥继续执掌大权。

当然，对此自然有朝臣宗室会表示不满，然而邓绥当初自己在内

心已经经历过进与退的挣扎，在永元十四年她即将被立为皇后之后，她曾经内心天人交战，病过一场。自那时候起，她确立了自己的心理定位，此后她行事，很难再被任何人和事所干扰影响。

刘祜初登基，朝中重臣三公之一周章对邓绥的专权不服，想要秘密发动政变，废邓绥拥立刘胜为帝，事情未遂，邓绥镇压叛乱，借此大肆清除异己，牵连极广也毫不手软。

随着小皇帝刘祜渐渐长大，邓绥手握重权仍不放手，她的亲弟弟邓康劝其还政，勃然大怒的邓绥也同样不给情面，将这个唱反调的弟弟严加惩处，向世人表明自己的态度。

刘祜年纪已经老大，尚不能理政，郎中杜根等两人上书要求太后还政，邓绥对弟弟都不客气，对外人就更不客气了，立刻下令将两人装入囊中当庭击杀，丢到城外荒野。不想杜根十分命大没死，为了逃命在荒野中装了三天死人，直到眼中都生出蛆来，这才得以逃生。杜根此后隐姓埋名逃到外地，做了十五年酒保，直到邓绥死后多年，这才敢重新回京。这个杜根，也就是后来谭嗣同临死前在狱中绝命书中"忍死须臾待杜根"中所提到的杜根。

对于邓氏家族，邓绥虽然也大封外戚，邓氏兄弟官居要害，整个邓氏一门到此已经是"凡侯者二十九人，公二人，大将军以下十三人，中二千石十四人，列校二十二人，州牧、郡守四十八人，其余侍中、将、大夫、郎、谒者不可胜数"，但是与自汉代以来那些名义上是太后临朝，实际上却是"定策帷帘，委事父兄"的情况不同，邓绥不是王政君之流，她虽然大封外戚，但政权完全掌握在自己的手中，既不容族人过分掌权威胁到她的地位，也不容族人飞扬跋扈，败坏自己和整个家族的声誉，在约束控制族人乱政这一点上，西汉东汉任何一个太后，都比不上她。

邓绥自己自律既严，自然对别人的要求也高，越是亲近的人，要求就越高。尤其是对给予大肆提拔的邓氏家族中人，更是具有绝对不可违抗的权威。长兄邓骘的儿子邓凤因曾向尚书推荐官员，事涉请托，又收过几名将领的良马，事涉结交军官。邓骘知道此事，竟怕得将妻子和儿子邓凤剃成秃头(髡刑)，向邓绥谢罪。弟弟邓康对她派来的使者礼数不周以及劝她还政，也被她免官甚至开除族籍。

小皇帝刘祜长到二十七岁，还是活在邓绥的严密控制之中，连朝臣和邓绥的亲弟弟都看不下去，更何况刘祜本人。更何况他的才智平平，更被邓绥挑剔，因此渐渐埋下怨恨。再加上刘胜死后，邓绥又先后挑中了数位皇族子弟作为刘胜的嗣子在官中抚养，更令得刘祜心怀惊恐，生怕有一天得罪邓绥，被别人取而代之。

建光元年（121年）三月，四十一岁的邓绥一病不起。邓绥死后，与和帝合葬顺陵，谥号为熹皇后。根据古代谥法，"有功安人曰熹"，正是说明了她的成就被当时人所肯定。

但是邓绥一生铁腕治政，政治上树敌不少，安帝刘祜也不甘久被压制，在邓绥活着时高压下的一切负面情绪，在邓绥死后强烈反弹了。

邓绥死后半个月，刘祜先是大肆追封自己死去的父母及其亲族，然后先从蔡伦下手，追算当年刘祜祖母宋贵人死亡真相，蔡伦

被迫自杀。

接着，有人恰到好处地向刘祜告密，说邓太后的兄弟邓悝、邓弘、邓阊曾经想要废除安帝，改立平原王刘翼。刘祜立即下令，将邓太后家族大加修理。西平侯邓广宗、叶侯邓广德、西华侯邓忠、阳安侯邓珍、都乡侯邓甫德都被废为庶人；上蔡侯邓骘降封为罗侯，举家遣归封国；尚书邓访举家流放……紧接着邓广宗、邓忠、邓豹、邓遵、邓畅等先后被逼自杀，邓骘与邓凤绝食自尽。在邓绥去世不到五十天的时间里，邓氏家族就受到了毁灭性的打击。

而在邓绥一生中最具影响力的恩师班昭，却在邓绥死前一年已经去世，终于七十一岁。邓绥为她素服举哀，废朝数日，并亲自撰写祭文传记，大加颂扬，又将其子曹成封为关内侯。班昭一世生荣死哀，千古留名，而在邓绥死后刘祜随之而来的报复性大清洗中，却也因为班昭已死，不但不涉及死后之名，连家族也未受牵连。这让我不能不想起若干年前那位班昭的祖姑母班婕妤，班家女子似乎有一种很奇怪的天赋，使得她们能够在各种阴谋和政治和凶险风浪中心，游走自如，轻易脱身而毫发无损。

而其他人就办不到了，执政太后一死，其家族就被覆灭，似乎成了整个汉王朝的一个恶性循环。然而邓绥一生，政绩出众，在她执政之前，外戚宦官轮流掌政，败坏纲纪；在她接手朝政的时候，国库亏空浪费严重，边境不宁；在她执政初期，水旱蝗灾，天灾人祸不断。内忧外患种种，仅延平二年（即她执政的第二年），全国就有十八郡地震、四十一郡大水、二十八郡风雹侵袭。

在邓绥的治理下，经济在严重的自然灾害之下仍能获得复苏，社会渐渐安定。邓绥执政，外戚宦官均不能为祸，她日夜操劳，躬自处置，增收节支，减轻赋税，救济灾民，终使岁还穰丰，百姓安居乐业。她采纳西域都护任留班超之子班勇的进谏，通西域，抗匈奴，安定并州、凉州，使西线多年无战事。她听从虞诩等人良策，以赦免战俘、安抚和谈的办法转守为攻，使羌人暴动得平息。百官颂曰："兴灭国，断绝室，录功臣，复汉室……巍巍之业，可望而不可即，荡荡之勋，可诵而不可名。"邓绥积劳成疾，年仅四十一岁就咯血重病而亡。后人评说："邓后执持朝政以招众谤，所幸者非为一己之私。焦心勤勉，自强不息，排忧解患，惟为国家大事。"

以邓绥的政绩声望，刘祜自然不能比拟，而且邓氏家族向来少恶绩，邓骘死后，百官不服，为其鸣冤叫屈，逼得刘祜不得不重新免除邓氏之罪，不再追究。

邓绥死后，刘祜执政无能，宦官当道，受制阎后，外诛大臣，内废太子，东汉王朝迅速走向下坡路。邓绥政绩则越发彰显，成为东汉政绩最好、声誉最高的皇太后。

┃铁血柔情┃

北魏文成帝文明皇后冯氏

《阿甘正传》里说："人生就像吃巧克力，你永远不知道下一颗吃到的是什么味道。"

对于这位被后世称为北魏文明太后的小姑娘冯氏来说，她的人生也犹如急速飞旋的过山车一样，不知道下一个转弯会是上还是下，会把她转到哪里去。

汉室灭，天下乱，三国分两晋，南北朝十六国，所谓五胡乱华，正在此期间。这天底下的事，无非是你杀了我，我杀了你。各路诸侯，纷拥而立，拉个竿子称大王，一时间皇帝无数。我看那时节的所谓皇帝，基本上也就山大王的干活，谁力气大就服谁，基本上也只传个一代两代的，就此无声无息。

冯氏也是出生在十六国中的皇族，如果不是国破家亡，她原本应该可能成为一个公主。她祖父是北燕昭成帝冯弘，因为北魏太武帝进逼北燕，冯弘被迫逃往高丽，并最终死在那里。冯弘死后，诸子星散，大部分投降了北魏。

北魏也很客气，大家都是割据诸侯，你亡国了来找我，我给你个官做，下次我亡国了，也不愁找不着饭吃。冯弘之子冯朗被加封为西城郡公，领秦、雍二州刺史，官儿不小了，冯朗也很高兴，安心在此住了下来，几年后生下长子冯熙，再接着生下一个女儿，即冯氏。冯氏出生的时候，离北燕亡国也才不过六年。

虽然说北魏皇帝拓跋焘对冯朗比较客气，但这客气也只是表面的，来了总不好不收下，但是收下之后要死要活还是看他皇帝的心情而定。毕竟对方是一国皇子，总带着几分猜忌，过了几年冯朗就因为

牵连到一桩阴谋案件里被杀死。才几岁的冯氏，也被没入宫中为奴。

之前虽然不曾是公主，到底还算是荣华富贵父母宠爱的官家小姐，才不过几天，就成了个父母双亡的女奴，人生跌入低谷，不过几岁的小姑娘冯氏哭哭啼啼地入了宫。

但她却没有意识到，命运的下一个转弯又开始了。

冯氏的运气还算好，她入宫为奴的日子没多久，就被带进拓跋焘的宠妃左昭仪的宫中。原来北燕灭亡前后，冯弘急着逃命，扔下了家里一堆妃子公主，结果拓跋焘就不客气地接收了，其中一个女儿后来得宠，被封为左昭仪。她就是冯氏的姑母，她收养了冯氏。

大家都是虎口逃生的人，自顾有余他顾无暇，收养不是白收的。过了几年，发生了一场宫廷政变，中常侍宗爱谋叛，太武帝拓跋焘被杀，继立的拓跋余也被宗爱所杀，拓跋焘的孙子拓跋濬被拥立为皇帝，新帝拓跋濬刷刷刷大开杀戒，诛灭了许多宗室和大臣之后，将朝政安定了下来，即文成帝。

身为先帝妃嫔的冯昭仪在经历了几个皇帝变换之后，深感地位和生命在秋风里飘摇，为了继续在后宫生存，于是把自己一手调教出来已经显得十分美丽可爱的侄女冯氏送给了新皇帝。当然这对于父母双亡，浮生挣扎的冯氏来说，未尝不是一个好的出路。

冯昭仪先为北燕公主，后为北魏宠妃，美丽且多才，又深谙在残酷宫廷的生存之道，经她一手培养出来的冯氏很快得到了拓跋濬的宠爱，被封为贵人。这一年拓跋濬十三岁，冯氏十一岁，正是感情上最单纯最热烈的年纪，因此这段感情基础非常好，仅仅过了三年之后，冯氏就被正式册立为皇后。

但是在北魏宫中做皇后不是一件容易的事,我们知道在汉宫中卫子夫长得美可以做皇后,王政君能生儿子可以做皇后,赵飞燕跳舞跳得好可以做皇后,邓绥懂得打了左脸给右脸也能做皇后。但是在魏宫中做皇后,却有一项本事是必须具备的,那就是冶炼匠的本事。

《资治通鉴》注中说:"魏人立后,皆铸像以卜之……胡人铸像以卜君,其来尚矣。"北魏宫中旧规矩,宫中嫔妃要得正位中宫,必须先要手铸金人,若能铸造成功,则视为吉祥如意,若是铸而不成,则妃嫔不能立为皇后。历年来有许多热门候选人在这上面栽了跟头,炼不成金人,后冠擦着头顶呼啸而过,看得见够不着。冯氏却在五个候选人之中,唯一以手铸金人成功而戴上了后冠。

为什么做皇后要先做一个好冶炼匠呢,数千年历史似乎也只有北魏宫廷有这种怪规矩。具体已经不可考证,估计是前代哪位皇帝打仗,有个妃子临行送个金人给他作护身符,谁想后来打了胜仗,就龙颜大悦成了规矩传下来了。或有说是以前匈奴遗留下来的规矩,不详。

但是这种规矩留下了很大的作弊空间,容易欺负外行人。冯氏能够因此做了皇后,不是偶然,而是必然。冯氏是知道这种体制的,她之所以能够一次成功,铸成金人,肯定私底下早就偷偷练过不少回了,宫里的炉子也不知道被她炼坏了多少个,那些烧炉火备材料的宦官们也早就收进她不少礼物混个烂熟了。

虽然说是宫妃手铸金人,看的是她们自己冶炼的运气,但是冶炼

是一门综合技术，那些烧炉火的、备材料的、打下手的人，稍稍给你弄点小手脚，这其他四位候选人的金人，可不就铸不成了吗？

从北燕到北魏，经历国破家亡，又亲眼目睹过宫廷动乱两个皇帝脑袋落地的冯氏，在多年的宫廷生活中，在姑姑冯昭仪的言传身教下，早已经不是一个单纯的小姑娘了。十四岁的冯皇后所做的事情，也早已经超出了她的年纪。

在冯氏刚刚立后不到一个月的时间，手铸金人的另一个候选人妃子李氏，就被赐死。冯氏的铁血手段，初露峥嵘。

汉武帝末年，其子刘弗陵被立为太子，汉武帝却下令杀死太子的生母钩弋夫人，理由是"子少母壮"，这么做是为了防止出现像汉初吕雉那样的母后专权的局面。北魏开国之主道武帝拓跋珪对这一条非常欣赏，于是立为规矩，从此凡是后妃所生之子被立为储君，生母都要被赐死。

这也是北魏王朝所独创的另一个古怪规矩，但是我们大多数人在看到一些古怪规矩的时候，基本上只会看其表面，而不去想一下为何古怪。

汉武帝为什么要赐死钩弋夫人？仅仅是无端残忍和疑心病重这一点，是不够的。当时卫子夫所生的太子刘据，因巫蛊之变而被杀，皇后卫子夫被赐死。时隔不久，死去的宠妃李夫人家族又被以谋逆之罪诛灭，李夫人所生之子也因此失去继承权。而最初诬陷刘据的小人江充和钩弋夫人是同邑之人，告发李氏家族的是一名内宦，而当时内宦正是由钩弋夫人所执掌。两次大规矩的屠杀虽然出自汉武帝本人之手，但是最终得利的却是钩弋夫人，她所生的七岁小儿刘弗陵也因此成为皇储人选。汉武帝不由得怀疑钩弋这个小女子，会不会是一系列阴谋的幕后黑手，并因此毛骨悚然，抱着宁杀错不放过的态度，找碴杀了钩弋夫人。如果钩弋夫人不是一个有心机有能力的女子，想来一生自负彪悍的汉武帝，也不会无端生起"子少母壮"的忧虑来吧。

拓跋珪是鲜卑人，越是接近原生态的民族，母系氏族的遗留影响就越大，所谓"胡人但知有母，不知有父"，也因此母系干涉政治一直存在。为了摆脱母系势力的操纵，获得王者的掌握权，往往要付出血流成河的代价。在拓跋氏的起源传说中，有"诘汾皇帝无妇家，力微皇帝无舅家"之谚，而据史家考证，则有可能是拓跋氏的远祖拓跋诘汾杀绝妻族或者是力微杀绝母族，而后人为了掩饰这一点，制造出拓跋诘汾与天女合而生力微的传说来。

而开国皇帝拓跋珪称帝之前的绝大部分战争，居然不是发生在对外敌，而是发生在和拓跋妻族独孤刘氏诸部、母族贺兰贺氏诸部、祖母族慕容诸部之间。拓跋珪一生历经艰难，主要精力都用在和强大的母族势力做斗争中，估计到最后一统部族坐上皇帝宝座之上时，拓跋珪要抱着龙椅大哭："我这一辈子都在和一群母老虎打架去了，我容易嘛我，呜呜呜……所以，为了我们王朝的将来，爱妃你就牺牲一下吧，我不想我儿子我孙子重孙子将来也要用一辈子的精力和自己的奶奶老妈老婆打仗啊！"一想到这种可怕的前景，拓跋珪怕是胆寒到发抖了。

于是乎在此后的岁月里，北魏王朝的皇太后基本上分成这三种情

况：一种是皇帝的生母，活着被杀死后受封；另一种是从没家世没背景的官人中挑选出妃子来，再将手铸金人成功者封为皇后，不许抚养皇子。她们不是皇储的生母，既没有感情基础，又没有家族背景，新皇帝一上台，基本上就准备待冷宫养老去。还有一种，皇储一生下来生母被处死，嫡母不能养，只能由保姆抚养长大，做了皇帝之后，就把保姆奉为太后，称之为保太后，但是保太后既然不是真太后，能够享受尊荣已经是到顶了，更不可能说是左右政局了。

107

拓跋珪自以为这样的安排绝对保险，于是放心地翘辫子上天了。

所以，我们就看到目前这一种格局，拓跋濬所奉的皇太后，是他的保姆常氏，人称"保太后"，正宫皇后，则是毫无家世的官奴出身的冯氏。

冯氏做了皇后，虽然是期盼已久，但是真正坐上这个位置后，她立刻感觉到了害怕。她是皇后，一旦有了皇子，她必须依规矩被处死。为了逃过这一命运，她立刻行动起来。当时幸好宫中拓跋濬已经有了几个儿子了，其中最得宠的李夫人还生了两个儿子。据说李氏长得非常美，当年初进宫，拓跋濬从楼上远远望见就心旌摇荡，对左右言道："真乃佳妇！"马上下楼，来不及入殿，居然在旁边的库房中就拥之临幸，李氏就此一举得男，深受宠爱。她本是封皇后的热门人选，不料铸金人失败，从而命运跌至谷底。

冯后立刻采取行动，怂恿着保太后出面，游说拓跋濬早立太子。于是在冯氏被封为皇后不到一个月，李夫人所生的长子拓跋弘被立为太子，李夫人也被一杯毒酒执行了祖制家规。

拓跋濬一生有七个儿子，但冯后却没有再生过儿子，是否她从宫中得到了什么避免生子的秘方，不得而知。

但在数年的皇后生涯中，冯后做得十分完美，对保太后侍奉尽心，对太子拓跋弘虽然没办法亲自抚养，却也亲自挑选保姆，关注其成长情况，跟皇帝丈夫拓跋濬更是做到了鹣鲽情深。拓跋濬文武兼备，一边亲自率兵直至阴山，车驾深入大漠，令柔然绝迹远逃，使不少部落求降；另一边重用汉臣，兴利除弊。他的政治方向也对冯后深有影响，此后冯氏亦是沿着这条路走下去。

人生从低谷升上巅峰，丈夫宠爱，成为皇后，逃过死亡威胁，除去情敌，家族复兴，兄妹团聚。冯后觉得一切是如此称心如意，却不想年仅二十六岁的文成帝拓跋濬却生了一场大病，不治而亡，崩于平城皇宫的太华殿。

这对于年仅二十四岁的冯后来说，犹如天塌地陷，悲不可抑。她自十一岁起就跟了拓跋濬，他年轻英俊，他文才武功，他将她从低贱宫奴中提拔出来成为皇后，他与她夫妻情深，他在她的心目中地位至尊至高，无可取代。

由此而来的，更是深深的恐惧，她毕竟是一个宫闱之内的妇人，太子非她所出又兼年幼，外有强敌内有权臣。南北朝时期是生存最艰难的时代，许多王朝尚朝起暮灭，许多戎马一生的大将帝王尚不免死于权臣外敌的刀下，更何况她孤儿寡母。

她想到北燕王朝的覆灭，想起亲眼目睹的太武帝拓跋焘、南安王拓跋余之死，想起一系列的宫闱政变中无数连名字都不曾留下过的后

妃公主如何惨死……以前有拓跋濬在，她从未想到这一点，但是如今庇护她十几年的大树已经倒下，此后她的命运应该何去何从呢？

拓跋濬死后第三日，按照北魏的旧俗制度，焚烧皇帝生前的御衣器物等，谓之"烧三"，朝中百官和后宫嫔妃一起亲临现场哭泣哀吊。当熊熊的火光燃起，看着一件件熟悉的物件投入火中，每一件物品都是她这十三年时光的记载，眼看着它们在火中化为灰烬，仿佛烧掉的是她生命中的一部分。那一刹那的恍惚，竟然让冯后身不由己地悲号着，投向熊熊燃烧的大火之中。

这一刹那的冲动，于冯后此生来说只有这一次。千百年来一直有人在猜测，她是真的对亡夫的感情深厚到宁与同死的地步，还是一场政治秀？或者，那一刻她是真的绝望，命运一直在捉弄她，她拿在手里，含在口中的糖，刚刚等来尝到甜头，就被无情地夺走了。她原本是个公主，却国破家亡；她原本有一个幸福的家，却父母双亡；好不容易有个姑姑收养她，却立刻面临宫廷动乱生存艰难；好不容易做上皇后，却面临立子杀母的祖制威胁；终于，等她什么都有了，那可以给予她一切的人却又死了。

面对着前路茫茫，冯后悲从中来，不知道命运还要捉弄她几次，那对着大火的一跳是对前途的恐惧，也是以死反抗命运的再三捉弄。

当然冯后没有死成，她及时被一边的侍从宫女们挡了下来，只是受了一点轻伤。

如果拓跋濬没有这么早死去，那么这个在历史上留下重重一笔的文明冯太后就不会出现了。也许冯后会一直在皇帝的庇佑下做一个贤后安然到老，或许耍耍小手段固宠保位，到拓跋濬死的时候，太子已经足够年纪继位，那么政治也就没她什么事了。她像其他太后一样，闲坐说往事，稍好的也偶而给新帝提提诸如"宽厚待人"、"节俭爱民"之类的建议，一生也就这么过去了。

但是偏偏命运将她推上了这个位置，以孤儿寡母掌国，不得不走上权力争夺的最前线。既然冯后那火中一跳没有死成，一个连死都不怕的人，以后还有什么事情可挡得住她呢？

北魏和平六年（465年）五月，文成帝死后第二天，年仅十二岁的皇太子拓跋弘即位，是为献文帝，冯后被尊为皇太后。本来依照祖制，冯太后没有插手朝政的机会，但是聪明的人抓住机会，强悍的人制造机会，机会永远只给有准备的人。北魏朝廷君臣内外的钩心斗角，为冯太后送上了机会。

拓跋弘年幼继位，朝政掌握在太原王车骑大将军乙浑的手中。当时东晋南北朝的混乱局势，让许多人有"皇帝轮流做，明年到我家"的想法，乙浑专权，先是矫诏杀害尚书杨保年、平阳公贾爱仁等于禁中，又把前来奔丧的平原王陆丽杀掉，自称丞相，位居诸王之上，事无大小，都由乙浑一个人说了算。为此乙浑早已经在朝中上下结怨无数，人人侧目而行，偏他老兄还自我感觉挺良好，到处威胁人跟他一伙儿干，还威胁得没点技术性，人家要是不马上答应就立刻拍桌子大骂还威胁要杀了人家。

就这么着，朝中上下都是嫌恶乙浑的人，但缺一个出头的人来揽事做主。冯太后那火中一跳，让大家感觉她是一个有胆识又对皇

室忠心的人，而她的身份又正好出头。于是三三两两地跑到冯太后面前试探。

冯太后立刻借此机会，结交宗室和大臣诸将，秘密布置定下大计。这边浑不知情的乙浑还以为皇袍即将加身，高高兴兴地准备时，立刻被领了冯太后旨意的兵马一网打尽。冯太后以万众拥戴的姿态登上大殿，宣布平定乙浑叛乱，并果断下旨，斩杀乙浑及其同党，夷灭三族。

乙浑死后，冯太后却没有像众大臣所想的那样走完过场就下台回内宫去，她坐在宝座上不动了，当场宣布，为了杜绝再发生权臣欺皇帝年幼而擅权的事，将由她冯太后本人临朝称制，代掌国政。

大家都傻了眼了，什么叫请神容易送神难，眼前这尊神就是了。开国皇帝拓跋焘千防万防，自以为算无遗策地把所有母后专权的可能都排除掉了，却没想到上有政策下有对策，只怕想不到，不怕做不到，滚滚历史潮流无法阻挡，北魏王朝最终还是出现了母后专权的局面。

先天的野心家很少，但是一个性格强悍的人，在时机和环境都对的情况下，很容易成为一个野心家。冯太后当年有跳火殉夫的行为，应该说在前期执政的时候，她对自己的心理交待都是很理直气壮的，她是为了防止乙浑叛乱这样的行为再度发生，她是为了守着她亡夫的江山，她是为了帮助她的未成年养子皇帝。

但是权力犹如罂粟，一旦品尝就会上瘾，再也不会放下，除非至死或者是被迫赶下台。冯太后第一次听政的时间仅维持了两年左右，在拓跋弘十四岁那年，认为他可以独立承担政治事务了，就归政回内宫了。

当时她想到的是她丈夫拓跋濬的模式，拓跋濬十三岁就能够很像模像样地做皇帝了，而且跟保姆常太后之间母子情深，相亲相爱。但是拓跋弘显然不是拓跋濬，拓跋濬是政变中长大的，拓跋弘是宫中养大的，拓跋濬是常太后亲手养大的，拓跋弘不是冯太后亲手养大的。

非但如此，拓跋弘从小就知道自己将来是要做皇帝的，祖制家法是不许母后干政的，冯太后掌握了国政两年才归政给他，还给得不爽不快，朝中上下臣子都是冯太后一手提拔的人。冯太后虽然还政，但是揽权多年习惯了，总是要对拓跋弘的行为"看看、帮帮、指点指点"。有什么事情皇帝一吩咐，底下人却说："这件事您问过太后了吗，没有啊，那等臣问过太后再说吧！"

一个强势的母亲，同一个有皇权名分支持的儿子，天生就有一种无法调和的矛盾。在历史上，几乎没有几个执政太后能够和儿子和平相处。我所知道的唯一一个没有撕破脸的似乎只有辽国的萧太后了。

冯太后和拓跋弘非但不是亲母子，连养育关系都没有，情况就更糟糕了。偏还有人翻出当年李夫人死时的情况，明里暗里似乎昭示着冯太后对此有莫大的责任。两母子的矛盾越来越深，但是谁也不好意思当面翻脸，率先倒霉的就是他们身边的人。

先动手的是拓跋弘，目标是冯太后的男宠李奕。史载冯太后好色，前后有许多男宠。五胡乱华的年代，胡人的男女关系本来就很开放，更何况冯太后有条件，有需要，她才不过二十多岁呢，正常生理

需求而已。冯太后这一生，父母早亡，兄妹离散，儿子不是亲生的，唯一能够让她觉得牢靠的感情是和先帝拓跋濬之间的男女感情，拓跋濬已经死了，她的感情仍然需要寄托的。所以她的需求，也是奔着男女感情而去的，而且她挑的，也基本上都是那种很能干很有男子气质的朝中重臣。

拓跋弘本来就觉得母后专权碍了自己手脚，更觉得冯太后对他的态度越来越挑剔是受了男宠挑拨，恰巧李奕的弟弟魏国南部尚书李敷在相州刺史任上时受纳贿赂，为人所告。拓跋弘趁机穷究此事，以法连坐，诛杀了李奕李敷兄弟两家。

李奕是冯太后的第一个情夫，感情很深，李奕被杀，冯太后内心的怒火不可压抑，立刻展开报复，拓跋弘忽然发现自己什么都做不了，什么都被太后阻碍了。拓跋弘心烦意乱，转而向宗教寻求逃避。为了制止冯太后的执政，拓跋弘忽然宣布自己要将帝位让给叔叔京兆王拓跋子推，冯太后干政，借口无非是拓跋弘年纪尚小，以母亲身份干政，若是年富力强的拓跋子推继位，身为嫂嫂的冯太后恐怕不能再有理由干政了吧。

冯太后不动声色，接受拓跋弘的辞职，以只有"父传子"的规矩，把候选人改成拓跋弘的儿子拓跋宏。冯太后的候选人得到了比拓跋弘支持的候选人更多的选票，毕竟"父传子"比"侄传叔"更有理由，而冯太后在朝中上下的支持者也比拓跋弘多。

就这样，年仅十八岁的拓跋弘成了太上皇，而年仅五岁的拓跋宏则成了新皇帝，他就是历史上大名鼎鼎的孝文帝，而冯太后也升格为太皇太后。

　　冯太后吸取拓跋弘不听话的教训，自小拓跋宏出生开始，她就亲自抚养教育，拓跋宏果然不负所望，又听话又能干，让她极为称心满意。

　　太上皇拓跋弘没想到，原本以退位作为对冯太后的反击，反而却帮助了冯太后，自然是很不甘心。他以太上皇的身份，和冯太后展开争夺对小皇帝和朝政的控制权。不仅要求朝廷上重要的国务处理都要向他奏闻，他还屡屡颁布诏书行使大权，甚至亲自率兵北征南讨，举行大阅兵等。平心而论，拓跋弘才能处事都不错，如果没有冯太后的话，也许他也能够成为像拓跋濬一样的好皇帝，做出一番政绩来，只可惜，他遇上的是比他更强的冯太后，他的名声，又被更出色的儿子拓跋宏所掩盖了。

　　母子俩的矛盾非但没有随着拓跋弘退位而减少，反而越演越烈，终于冯太后不能再忍，派人给拓跋弘送去一壶鸩酒，将拓跋弘毒死在平城永安殿，彻底断绝后患。天子之家无亲情，更何况只是名分母子，拓跋弘死时年仅二十三岁，这一年冯太后三十五岁，正是政治上成熟的年纪。

　　从此之后，冯太后诸事顺遂，再也无人敢逆她之意。她掌握着孝顺的孙子拓跋宏，倚仗男宠王睿、李冲的辅佐，以及其他文武大臣的襄助，展开了一系列政治改革，史称"太和改制"，即我们今天所称的"孝文帝改革"。冯太后的一系列改革，对于促进北魏由鲜卑族落后的生产方式向汉族先进的封建生产方式的过渡，即封建化起到了

推动作用。尤其是冯太后颁布的"均田令"，标志着北魏统治者开始转向接受汉族的封建统治方式，这一制度历经北齐、北周，到隋唐约三百年，不仅使北魏社会经济得到发展，而且奠定了后来隋唐两朝的经济基础。

此外，为了使鲜卑族逐渐适应汉族人民的生活方式和礼仪制度，冯太后大兴教育，尊崇儒法，禁断卜筮、谶纬之学，从而开始了鲜卑族的汉化过程。这一点，又为后来孝文帝迁都洛阳，推行大规模的汉化打下了基础，清除了障碍。

冯太后的执政，彻底改变了北魏鲜卑族的遗风，使其区别于五胡乱华中的其他胡族山大王式的打砸抢杀，成为一个符合中原标准传递的王朝。她所实行的政策，经历北周、隋、唐，影响了整个中国数百年。

冯太后的命运车轮，以快速旋转的过山车作为开始，到后来的赴汤蹈火惊险万状血溅三尺，到最后驰入平稳，最终以一种万众鼓舞的姿态驰入终点站，被披红挂彩地送进历史的博物馆，摆放在展厅的重要位置。而与她同时代的同伴们，则大部分进了历史的废铁站，无声无息。

日月凌空

女皇武则天

中国历史上唯一的女皇武则天，在死后留下的是一块无字碑。她对自己的平生不著一字，然而不管在她生前还是死后，都有无数的人在热烈地评论着她。一个不为自己留下一个字的人，后人为她所写的评述传记，却比任何一个树碑立传的帝王都要多。

　　很多人都写过武则天，远比我详细得多，深入得多。然而，我却又不能不写，在太后当国这一个命题下，武则天是典型中的典型，她是一个无法逃避的议题。

　　武则天名照（曌），出生于唐高祖武德七年（624），是荆州都督武士彟的女儿，母亲杨氏，出身于隋朝宗室。武则天十一岁时，父亲去世。十四岁时，以家世和美貌选入宫中，为太宗才人，因其娇柔妩媚，而得太宗赐名为"媚娘"。但是在武则天叫武媚娘之前的名字，则各说纷纭。《旧唐书》上说"武氏讳曌"，而《新唐书》中写"武氏讳珝"，据《新唐书·地理志》中记载，华州、华阴两地，在武则天称制的垂拱年避讳改名。因此有人推测她的原名也有可能是叫武华珝或者武珝，如此男儿气的名字，却也符合传说中她父亲武士彟从小将她男装打扮的传说（亦有说珝字乃是曌字的输入笔误）。

　　她在称帝之后，则将自己的名字"照"改为日月凌空的"曌"字。则天二字，是她的儿子李显所上的尊号"则天大圣皇帝"中的两字，后世惯常以其最后的封号称其为武则天。

　　武则天挟家世美貌入宫，并在一开始就得太宗亲自赐名的殊荣，起势很好，但是在后来的整整十二年直到太宗去世，名号却一直滞留在"才人"这一阶上无法普级。而同期入宫，比她还小两岁的才人徐

惠，却是直线上升，名号从"才人"、"婕妤"、"充容"直到最后为妃。两相比较，令得武则天备感挫折。

从这期间比较著名的狮子骢事件，或可窥一点端倪。据说太宗有一匹名马曰狮子骢，性情暴烈无人能制。当太宗向左右言及此马时，武媚娘向太宗说了自己的主张："妾能制之，然须三物，一铁鞭，二铁楇，三匕首。铁鞭击之不服，则以楇楇其首，又不服，则以匕首断其喉。"据武则天后来自己回忆，太宗听后"嘉其志"。

但是当时才不过十几岁的小女孩，却不明白这"嘉其志"背后的含义，太宗对这个好斗、充满活力的女孩子固然欣赏，但她却显然不太符合他的审美情趣。从他亲自动手把武则天改名"媚娘"来看，与其说是对她的殊爱，也有可能是对她原来那个过于男性化的名字不喜欢。他更喜好像徐惠那样含而不露型的，非而武则天那样过于好强好动的女子。

以后世留下对徐惠的描述来看，徐惠虽然也很有个性，但这个性却藏在温婉和顺的态度下面，符合儒家的行为规范，她也曾经为太宗征高丽和大修宫室上过谏言，跟史家记载中的长孙皇后的为人很相似。唐太宗李世民这一生女人很多，但是他最欣赏和看重的显然还是长孙皇后，在长孙皇后去世多年后，再得到一个行为气质酷似长孙皇后的徐惠，很明显有移爱的心理，因此在徐惠的得宠的对比下，武则天在后宫这么多年，实在有些黯淡。

然而武则天并非如之前的文艺作品中描绘的是孤军奋斗，虽然她的父族在后来被评为"地实寒微"，但她的母亲杨氏，出身为隋观王杨雄系。唐太宗后宫的观王杨雄系后妃势力不小，四妃之一的燕德妃（生李贞、李嚣）、死后陪葬昭陵的杨贵妃（生李福），甚至是那位传说中险被立为继后的巢王妃杨氏（李元吉妃，生李明），都是出身观王系。亦有人推测，杨贵妃即元吉妃，李世民最幼二子皆为其所生。

史载观王系"一家之内，驸马三人，王妃五人，赠皇后一人，三品以上官二十余人，遂为盛族"。从武则天以五品才人入宫，到后来数番反败为胜，起死回生，直至日月凌空，或许都可能看到这些观王系表姨表姐若隐若现的身影。

观王系苦心将武则天引入宫中，本以为可以夺一席之地，不料数年之间不见其得宠，这步棋似乎变成了废棋。但是，"山重水复疑无路，柳明花明又一村"。本以为在已经注定黯淡的后宫生涯里，武则天出人意料地遇到了新的爱情。

俗话说各花入各眼，武则天这种野蛮女友型的虽不符合当爹的审美情趣，却入了儿子李治的心中。李治是长孙皇后所生的第三个嫡子，他的两个哥哥太子承乾和魏王李泰夺位，两败俱伤，使得他渔人得利，做了太子。

李治并非作为太子培养，再加上前头已经有了两个过于刚强的哥哥，衬得他的性格略有一些优柔寡断，这令得李世民不是那么太满意。当时的李治比武则天小四岁，虽然也已经纳了太子妃王氏，另外还有些妻妾，但是应该都比他更年轻，在遇上一个年长于他、性格又强悍的成熟美女时，立刻感到无名的吸引力。除此之外，对于李治来

说，和父亲的近身侍妾有一层亲密关系，有助于他了解因年老垂危而显得喜怒无常的父亲的最新状况，好早做应对。

两人秘密地有了私情，自古以来最令人迷醉无比的，莫过于"禁忌之爱"。从《梁祝》到《罗密欧与朱丽叶》，再到《菊豆》甚至《蓝宇》，门第的禁忌、仇恨的禁忌、乱伦的禁忌，以及性别的禁忌，古今中外最令人惋惜赞叹动人心弦的，都是"禁忌之爱"。

武则天或许在当时可能诅咒这种令她倍感痛苦和生命威胁的"禁忌之爱"，然而她将在往后的日子里感谢它，止因为这段非常时期的禁忌之爱，李治对她的爱远胜于对其他任何女人。因为难得，所以不舍，所以倍感珍惜。

两人偷偷相恋了一段时间后，中国历史上最出色的皇帝之一唐太宗李世民终于驾崩，他死之后，二十五岁的武则天要和其他的太宗无子妃嫔一起，到感业寺出家为尼。宠妃徐惠一如既往地抢尽所有人的眼球，她拒绝出宫，重病而不肯就医，以殉太宗皇帝，她说："吾荷顾实深，志在早殁，魂其有灵，得侍园寝，吾之志也。"

徐惠如愿而死，死后被追封为贤妃，随葬太宗昭陵。徐惠死时年方二十四岁，与其说她是愚忠，倒不如说她做了最聪明的选择——从宫中繁华盛宠跌入尼庵，忍受清冷孤寂的岁月，数着日子默默等死？从十二岁入宫起就三千宠爱在一身的徐惠，拒绝接受这样的命运。与其在往后的日子里潦倒等死，倒不如死在最美丽和最荣耀的时刻，用这样一种万众瞩目的死法，来荣耀家族，名垂后世。

武则天不是徐惠，她没有死，和李治的一段私情让她和别人满怀绝望不同，她还有脱离感业寺的希望。她和徐惠在太宗朝的待遇也不一样，一品宠妃的死可能是万众赞叹，五品才人的死恐怕只能落得个东施效颦的讥讽罢了。

去了感业寺的武则天，恐怕没有想到，在感业寺的日子，竟然会这么难以渡过，日子一天天在等待中变得越来越绝望。她原本以为新皇帝会很快来接她回宫，不料一过三年，杳无音信，她此刻的心中充满了哀怨，那首著名的《如意娘》就是在此刻写成的："看朱成碧思纷纷，憔悴支离为忆君。不信比来长下泪，开箱验取石榴裙。"

然而，武则天并不是一个人在奋斗，从太宗末年与太子私会而安全无恙，到孤身入感业寺满三年之后，还会有人帮助她把情书传到天子手上，并帮助她再度入宫得宠登顶，她那些观王系表姨表姐的能量，再度发挥了作用。不知道为什么，从来没有一部关于武则天的影视剧和文学作品，写观王系的女性在武则天称帝事业中的作用。

天性感性的李治接到了武则天这封情书，情肠触动，此刻太宗的三年孝期已满，曾经被送入感业寺的先王的女人，或可以改头换面，再度回来。

对于武则天来说，此后天地变幻，不复从前。这一年她二十八岁，十四年前，才十四岁的她满怀憧憬地入宫，然而从深宫到尼庵，她浪费了她生命中的一半时间，又回到了起点。

而这一次，她已经青春不再，她再也虚耗不起了。

武则天入宫之后，先为王皇后的侍女，怀孕后被封为昭仪，先后为高宗生下四子二女，又令高宗废王皇后，并于永徽六年册封其为

皇后。武则天回宫仅仅三年时间，就乾坤易手，坐稳凤座，这一段历史，后宫争宠，步步杀机，如何左右逢源，如何借刀杀人，如何想尽办法坐上后座，那是最好的八点档电视剧题材，无数的影视作品主力重心都在这一段历史上反复演示，我就不必重复了。而事实上，政治斗争之复杂，人性冲突之残酷，在此后的岁月里，这一段时间的事，对武则天来说则是刚刚开始。这个时候，她仅仅是高宗李治的宠妃而已，许多事还轮不到她出手。

更多的斗争，不在于后宫，而在于台前朝堂之上，高宗李治和舅父长孙无忌的斗争。李治的性格常常在此后的岁月里被弱化为一个懦弱无能的皇帝，因为此后的政局变幻，有无数人在涂写着这段历史。中国人描述一段故事时，特别喜欢非此即彼，比如三国演义就被鲁迅批为"状刘备之仁近乎伪，状诸葛之智近乎妖"，真正西天取经的唐玄奘也绝没有后世传说得那么懦弱。而同样，为了突出武后的强势狠毒，高宗李治就同刘备一样，被描绘成啥事儿都由太太做主，遇事只会哭完了继续发呆。

诚然李治的性格中有优柔寡断的一面，然而政治斗争中该有的权衡和手段，他并不缺少，身为皇帝的政治敏感，他也不缺少。从皇子时期，在魏王李泰扳倒太子承乾后正志满得意时，他跑去告诉太宗李泰威胁他，使得如日中天的李泰失去继承权，而他被长孙无忌推上太子位。长孙无忌一力拥戴他，是以为李治优柔寡断，能够将他掌握在自己的手中，却没有想到，正是这个自己一力拥戴的外甥，终结了他的性命和家族。

登位的新帝如果要真正掌握大权，则从来没有一个顾命大臣是有好下场的。李治不缺政治能力，缺点在于优柔寡断，反复无定。李治自继位后对长孙无忌的不满长积于心，只是缺少一个促使他下决断的契机而已，关键时刻只要有一个人以坚决的态度推动他一下，立刻就能够从量变到质变。

李治这份性格，是一把双刃剑，千万别以为这样武则天就会很轻松，恰恰相反，你要真了解，就会知道这种性格更叫人吃力。李治容易受性格强势的人左右，今天你在他身边，他今天会听你的，明天你稍离开他一会儿，他就会听另外一个人的话。偏生他是皇帝，掌握生杀大权的皇帝，稍不留神，可能就在他醒过神后悔之前，你就掉了脑袋。

长孙无忌就是以为李治好掌握，才会翻了船。武则天也差点翻了船，龙朔二年（662年）武则天三十八岁，在她从感业寺回宫后的第十年，李治差点因为听信宰相上官仪的话而废了她，当时险到连废后诏书都写好了。

李治这样的性格，让武则天时时刻刻不敢放松，时时刻刻提高警惕。高宗继位的头几年，长孙无忌借高阳公主叛案，连杀两名亲王、两名公主及大量高官皇族；长孙无忌失势，整批元老大臣被清洗整顿。这样的政治斗争之残酷，也势必令得武则天不敢放松手中的权柄。试问一把达摩克利斯之剑老是在头上摇摇晃晃，谁能安心。而高宗的身体状况，也使她有了掌握权力的机会。

做皇帝是一件需要体力的差事，它耗时间耗精力，而且一刻都不

能放松。高宗李治原本也可以做一个合格的皇帝，他初继位时每天勤于理政，一天要接见十个刺史，逐步从元老长孙无忌手中夺权，取得永徽之治的成绩，而平定高丽更是一件隋炀帝、唐太宗想做到却没做到的大事，而他做到了，然而一场大病却改变了这一切。

显庆五年，高宗李治因患风疾，不能理政。这也可算是李唐皇族的家族遗传病了，从历史资料来看，李唐皇族明确记载起码有七位皇帝患有此症，即高祖、太宗、高宗、顺宗、穆宗、文宗和宣宗。高宗第一次发病，是在显庆五年，发病时晕眩耳鸣不能视物，甚至头痛如裂。病成这样，繁重的日常政务处理自然也就难以为继。而此时长孙无忌专权的情况犹过不久，他不能完全相信臣下，而皇太子弘虽然名义上已经加"元服"行成人仪，并行监国，但只是一个名义，李弘小朋友当年才八岁，正好是现代开始读小学的年纪，能把一个国家交给他吗？

那么，交给孩子的妈，自己的妻子，则是一件可以放心的事。咱们事后的人当然知道发生了什么事，但是在当时看来，历代后妃干政的虽然多，但都无碍大局。不过是在皇子或者皇帝小的时候掌一下权，等皇子长大了，当妈的愿不愿意都会归政，只不过是看活着归政还是死了归政，做儿子的总归活得比老娘命长。基本上后妃当政，国家不乱，皇嗣仍然传递。而权臣干政，则很有可能导致改朝换代。

自汉朝结束到唐朝建立以来，数百年间，大部分都是权臣咔嚓了皇帝取而代之。远的不说，就说近的，隋文帝是北周的权臣做了皇帝，他老李家大唐皇朝开国皇帝李渊，也是从隋朝的大臣起家的。所以他防长孙无忌，但不会防自己枕边的老婆，孩子的妈。

别说李治这么想，就算是闹出武则天这种千古一帝的事之后，唐以后的朝代里，仍然有许多皇帝愿意把权力交给自己的老婆去代管，这是后话。

龙朔二年，在发生上官仪事件之后，高宗每天上朝视事时龙座后都多了一道帘子，武则天隐身其后，仿照隋文帝上朝独孤皇后在旁的前例，甚至更进一步，从殿后走到殿上去了。

在皇帝活着的时候，皇后就参与朝政的也有，公然走上朝堂，则是从武后开始。帝后共同临朝听政，这旷古未有的场面轰动了天下，从此，"二圣临朝"的时代开始了。

当武则天以为对手已经全部消失的时候，忽然发现新的对手又出现了，这就是她的长子李弘。

皇太子李弘一直是作为皇朝的继承人来培养的，武则天开始对此并没有异议，而且还觉得非常高兴，毕竟李弘是她的长子。由于身体不好，高宗经常去洛阳疗养，每一次都是将军国大事都交由"太子监国"，让李弘留在京城。而由于李治反复无常的性格，和好色无度的个性，以及上官仪事件的发生，使得武则天从不敢轻易放松，让李治脱离自己的视线外。

由于种种原因，在此后长达十余年的时间里，武则天一直紧紧地跟着李治来回于洛阳养病，无意中疏忽了与长子李弘的培养感情。也许当时在武则天的心目中，自己的亲生儿子，自然是毫无异议地应该和母亲站在一条线上，然而她错了。

历史上凡是强势而获取权力的母亲，大多都同名正言顺应该得到权力的儿子不共戴天，哪怕是他们是亲母子，哪怕他们真的曾经相亲相爱过。而武则天同其他女主不同的是，那些太后多少是在丈夫死后才开始掌权的，而武则天在丈夫活着的时候就已经掌权了，武则天能够成为千古一帝，她比其他的太后走得更远，自然手段更血腥也更无情。

有时候我们不能用一个女人的眼光来看那些称制的女主，认为她们牺牲了亲情爱情是一种悲剧，做不成好妻子好母亲是一种遗憾，再成功也有亏欠。不，投身政治的女人们，只能用政治来看她们，不能用母性来分析她们，而应该用帝王心术来分析她们。如果你当武则天是一个皇帝的话，你就不会觉得她的行为有多么的令人吃惊。

秦皇汉武、唐宗宋祖、成吉思汗等等帝王是好丈夫乎？好父亲乎？李隆基亲手杀了三个亲生儿子，不是他的悲剧，悲剧是他在杀第四个儿子李亨时稍手软了些，最终换来李亨趁"安史之乱"自立为帝囚禁他——千古都以为李隆基不能再发号施令，不能再能拿儿媳当老婆，不能再千里吃荔枝，不能再万金起骊宫，不能再随心所欲一呼百诺，才是他的悲剧，而非他失去爱情。对于帝王来说，婚姻和爱情永远排在政治与权势之后。

武则天身上残留的母性和女性意识，早在二十多年的政治生涯中磨得差不多了。当眼前出现目标的时候，她首先考虑的是如何除去对手。她当眼前是一匹狮子骢，在紧张地考虑用哪种工具来驯服对手，是铁鞭、铁锤，还是匕首？

面对越来越大的儿子，看到他手中的权力也越来越大时，武则天感到了紧张。权力如同罂粟，一旦品尝就会上瘾，无法自拔、至死方休。在度过十二年无人问津的才人生涯，三年绝望苦等的尼庵时光，数年极尽屈辱的侍女生涯，甚至要被迫杀女而固宠，被大臣当庭羞辱曾服侍父子的经历之后，对于武则天来说，大权在握，天下万民俯首称臣，生杀予夺存乎一心的感觉，简直美妙之至，如登仙境。

这样美妙的感觉尚在品尝中，却要吐出来让人，真是令人不爽啊。

武则天向儿子发出种种暗示，首先向李治上建言十二章，把《孝经》列入高考必考项目中，提出"父在母亡，为母服孝三年"的议题，强调自己作为母亲的身份是至高无上的。

儿子却不买账，他是皇权继承人，在皇权面前血缘关系要退后，他从八岁开始已经监国多次，培养起的羽翼也足以同母亲抗衡，面对武则天指责的孝道，他翻出旧账，忽然在宫中"发现"了被母亲幽禁多年的萧淑妃之女义阳、宣城两位公主已经三十出头仍然没能出嫁，请父皇为两个姐姐择偶。这等于是在天下人面前揭武后的疮疤。你说我当太子不孝，我还说你做皇后的职责有失呢。

母子矛盾迅速激化，李弘手握太子监国系统，武则天启动北门学士程序；李弘踢走武则天的亲信许敬宗，武则天逼退李弘的左右手赵仁本……终于一根导火线让母子间的关系完全爆掉，再也没有修复的可能。

这根导火线是武则天的外甥贺兰敏之。贺兰敏之的母亲贺兰夫人

和姐姐魏国夫人，都同李治有暧昧关系，也同样死得不明不白不清不楚。武则天在娘家做小姐时，母女三人同几个异母兄长都矛盾极大，做了皇后同样不想让这些白眼狼沾光，将他们赶的赶杀的杀，顺带还让自己得了个抑制外戚的美名捞政治资本。因此，她姐姐的儿子贺兰敏之成了武家的继承人，但也在她母亲杨氏的庇护下飞扬跋扈。贺兰敏之有头没脑，自命风流，又兼把母姐的仇记在武则天的身上，居然色胆包天引诱了李弘未过门的太子妃杨氏。武则天大怒，只得匆忙给李弘再度婚配裴氏，又将贺兰敏之流放绞杀。然而李弘受此羞辱，却将这笔账记在了母亲身上。

李治的身体一向不太好，多年来病病好好，反复缠绵，武则天母子互不相让的局面更是让他烦恼无比，如今看到李弘已经成亲，治国也颇有方略，于是李治决定等这次病好之后，就禅位给儿子。

多年以后这一幕再度上演了，武则天的第四个儿子睿宗李旦也因为儿子李隆基同妹妹太平公主相争不下，而以禅让逃避。历史早已经写下结局，李隆基一登龙位，立刻用皇帝的身份得到绝对胜利，第二年太平公主就以谋反罪被一杯毒酒送上西天。

老于权术的武则天虽然不会未卜先知地看到儿孙们以后的情景，但是对于禅位可能给她造成的后果，却用膝盖都能想得出来。

于是我们就看到如下的情景发生。上元二年四月初夏，高宗和武后再次起程前往合璧宫消暑，太子李弘也随行。四月二十五日，李弘"暴卒"于合璧宫。

武则天对此表示了极其的哀痛，她宣布儿子被病魔夺走，令她这个母亲肝肠寸断。李弘死后被追封为孝敬皇帝，以皇帝的规格为他起了一座"恭陵"，以帝王之礼正式下葬。并以高宗李治的名义向天下发布《孝敬皇帝睿德纪》，对死去的儿子给予极高的评价，并表达极度的哀痛之情。

武则天的悲哀溢于言表，发自内心。这是她最爱的长子，这个儿子的降生，让她从一个宫女成为昭仪，最终成为皇后，他曾经是她的荣光，她的寄托，她的骄傲。回忆当李弘八岁时，她陪李治去洛阳养病，让小李弘第一次监国，八岁的小朋友李弘不见了爹妈号啕大哭，令得她心疼无比，连忙把他接回自己的身边。那个长着红通通苹果脸，万分依赖母亲的可爱儿子，什么时候竟已经消逝在岁月里了呢？

她真的永远失去了自己的儿子吗，是现在，还是许多年前就已经失去了？她哭得近乎崩溃，她的悲痛如此深切，更胜过做父亲的李治。作为皇帝的李治只看到了妻子的悲伤，而怜惜于她的悲伤，但他永远也不会知道她悲伤里的全部真相。

李弘去世后，次子李贤即位立为皇太子。如果说李弘是最像高宗李治的一个儿子，那么李贤则是最像母亲武则天的一个儿子。李弘身体一向不好，为人温和仁厚，李贤却是文武双全，精力充沛，反应快捷，心高气傲，行为做事也像母亲一样当仁不让。

然而两母子的相像并不是一件好事，两个太像的人在一起，喜欢的是同一件东西，凸起的棱角在同一个位置，伤的是同一个地方。

只可惜，皇位只有一个，至高无上的权力不可以均分。

由于对李弘的控制失败，导致的后果险些不可收拾，武则天便从

李贤做上太子开始，就加紧对次子的控制。先是在李弘刚死，李贤接手的空档里，将自己培养的北门学士私人班底迅速安插进朝中，更让裴炎等人挤入宰相队伍中。

同时，武则天加强了对李贤的教育，亲自率人撰写了《少阳正范》和《孝子传》，少阳即太子，做母亲的不客气地告诉儿子，应当怎么样做一个符合要求的太子和孝子。

只可惜李贤是武则天的儿子，血管里流着武则天桀骜不驯的血。问一问武则天年轻未受挫折时，是否愿意听从别人指手画脚，就可以想象出李贤会有什么样的反应了。而且此时的李贤，不但接手了哥哥的太子之位，也接手了整个东宫官员系统和这个系统多年来对武则天的对抗潜意识。甚至于他自己本身，一来为大哥李弘的莫名暴亡心存怀疑；二来为自己的身世之谜耿耿于怀。不知何时长安街头传言，李贤并非武则天亲生的儿子，而是她的姐姐贺兰夫人同李治的私生子。

在这样的情绪下，他身为太子，在政治上处处受母亲制掣，还要时不时被叫去听一顿教训，本已不爽。此时武则天再送来《少阳正范》和《孝子经》，更是增强了反作用。李贤立刻予以反击，召集天下学者，注释《后汉书》，以东汉历代女主称制外戚横行的祸害，来讽刺母亲的专权和重用诸武氏外戚。话外一句，为了加强自己的力量，武则天最终还是把她讨厌的娘家侄子们都召回京来给予重用。

武则天自以为向儿子抛出橄榄枝，不想反馈回来一只手榴弹，立刻明白过来，这个儿子比上一个儿子更不易驯服，更留不得。

这时候，术士明崇俨粉墨登场了。这个明崇俨据说不但医术高明，还精通法术，他原来在京中公卿门第为人治病兼说鬼神，拥有不少信徒。这个时候却忽然出现在高宗李治的身边，因李治正为自己的头痛病所扰，经明崇俨治后，居然似乎症状有所减轻，于是明崇俨立刻大受宠信。

接下来这个明崇俨就开始装神弄鬼，以鬼神的名义说黄道黑，说得最多的当属太子。过几天摇头叹气说"太子庸劣，难成大器"，过几天又神秘地说"英王哲容貌类似太宗皇帝"，过几天看到相子李旦时又忽然大惊失色说："相王面相在诸皇子中最为尊贵"等等，诸如此类的话，通过宫中有意识的消息传递，很快就流传开来。

这真是一个高明的手段，武则天安置这么一个小人喋喋不休地攻击太子李贤，就等于将自己从和儿子的相争中抽身出来，处于一个超然的位置。在现代职场我们也可以看到，如果一个下属崛起得太快，快到威胁上司的地步了，就会出现一个胡搅蛮缠的搅屎棍人物，我们称之为无所不在的"小人"。而这时候原本精明无比的上司会忽然失聪，而你只好拿全部的精力陪那位小人纠缠，解决所谓的人事纠纷。当上司笑呵呵地以和稀泥的态度，各打五十大板的时候，你才会发现自己已经降为和那位搅屎棍同一档次了，再也不能翻身。数千年来古今中外总是有人苦苦地思索啊思索：为什么小人当道啊，为什么在上位者失聪啊！不为什么，也许小人当道是因为有市场需求，在上位者失聪是有时候他愿意选择性失聪。

小人永远做不了什么大事，但他绝对会把君子拖入污水中，让你也惹一身骚。一个嚣张的小人背后，也许有一双支持他的手，在鼓

励说："没关系，你只管放胆去干，有事我来收拾。"于是乎明崇俨更加忘乎所以，横行招摇，他自以为比太子更高明，比皇帝更聪明，比皇后更有胆量。然而他却不知道，他的主子将他放在这样一个位置上，让他说出这样的话来时，已经将他当作一个死人。

武则天抛出明崇俨作武器，心底未必不是存着最后一丝希望，儿子李贤会在孤立无援中，在四面楚歌中，在被毁谤到无地容身时，向她这个母亲臣服。到时候，明崇俨的脑袋就会成为母子和好的礼物。然而，深知这其中是怎么一回事的李贤，选择了更加沉默的对抗，他和母亲更行更远了。

这时候，东宫开始响起李贤所著的《黄台瓜赋》："摘瓜黄台下，瓜熟子离离，一摘使瓜好，再摘使瓜稀，三摘尚自可，摘绝抱蔓归。"李贤以这样一种倔强的姿态向母亲回复："你不是要动手吗，那就来吧，小心摘绝抱蔓归吧！"

武则天被激怒了——小子我还没动手呢，你就这态度了。"看来，贤不能继续做太子了。"望着东官的方向，武则天沉沉地下定了决心。

调露元年，在李贤做了五年多的皇太子后，皇朝的大红人预言家明崇俨，被人暗杀于洛阳大街上。帝后震怒，立刻派出高官，展开大搜查，势必要将杀人凶手捉拿到案。一时间纷纷扰扰，牵连极广，许多人都因此被抓入狱中，屈打成招，但是始终追查不到真正的凶手何在。

追来查去，直查了半年仍无头绪，大家把怀疑的目光投向太子李贤，明崇俨在朝中得罪的地位最高的人就是太子李贤，只有他有能力有动机，也只有罪犯藏在官员们不敢搜查的东宫，才会在全城搜查的情况下仍找不到凶手。

于是报告递到李治面前，太子李贤暗杀朝廷大臣，乱搞同性恋，东宫能不能搜搜看？一直被头痛病长久折磨着，荒于朝政疏于见子的李治听到这情况也是吃了一惊，太子养娈童，从重处来说，就是坏人伦，的确很容易在政治上被人攻击，他的哥哥李承乾当年就是因为养娈童而失欢于太宗，从而企图发动政变而被废；做太子的含私怨杀大臣，难为人君，也是容易被人攻击的罪名。他想阻止，但是一时找不到阻止的理由，转而又释然，如果没有，免了太子的嫌疑；就算有，那么交出凶手给武后省得她整天吵闹，把那个生事的李童杀了，毕竟最终定罪要报到自己手中，太子最近有些不像话，借这事处罚一下他，让太子学会忍耐，学会跟母亲友好相处，也未必不是一件好事，省得天天母子不和吵得自己无法养病。

李治同意搜宫，他并没有想到，最后的结果已非他所能控制。武则天立刻派人进入东宫搜查，结果竟然在东宫马坊搜出数百具铠甲。紧接着，李贤的男宠赵道生经过严刑拷打之后，也招供说是奉太子命杀了明崇俨。

从杀大臣的嫌疑变成养私兵的明罪，事件忽然升级，面对"人证物证俱在"，太子谋反罪名确凿，李治此时方才明白真相，却已经是捶胸顿足回天无力了。武则天以极其大公无私的态度反对了李治提议的赦免："为人子怀逆谋，天地所不容；大义灭亲，何可赦也！"

紧接着，太子李贤被废为庶人，幽禁别院。武则天大获全胜，心情绝佳。这一次对付李贤，和上一次对付李弘是完全不同的。从一开始明崇俨辱慢李贤开始，就是把一根绞索套在了李贤的脖子上，视情况随时可以收紧，任何时候，都可以杀明崇俨嫁祸李贤，从而达到搜出东宫甲胄将死李贤的目的。相比上次不得已匆匆对付李弘时的毫无余地、措手不及、壮士断腕式的惨痛，今天的从容自若万无一失的自在安稳，武则天的手段真是成熟了太多。

如果真的有需要，武则天不回避杀子的手段，从杀小公主得到皇后位到杀李弘避免失权，她不是没做过，可杀自己的亲骨肉，终究不是一件令人愉快的事。而这一次，整件事从开始到结束如此圆满，李贤仍掌握在她的手中，赦也好，罪也好，放也好，囚也好，如此胜利，令武则天的心情多么愉悦啊！甚至于连赵道生这个名义上的杀人凶手，注定的死棋，她都宽宏大量地放他一命，死棋能活，足以证明她心情实太轻松了。

天下在手，她毫发无损，对手已经倒地，她损失的，不过是明崇俨这一条狗而已。

她从一开始"铁鞭、铁檛、匕首式"的驯马手段，变成了"缰绳、马掌、鞯、头套式"的驯马。不得不说，太子贤事件，是武则天政治手腕越发走向成熟的一个标志性代表作。

此后，她把"明崇俨模式"玩得越发娴熟，周兴、来俊臣、索元礼、傅游艺等小人酷吏一批批地上来，争先恐后地充当她对付政敌的马前卒，等到没了利用价值，再一个个杀掉，平民愤解争端。

武则天洗净双手，宛如卢舍那大佛，神秘微笑。

太子李贤不久之后被流放巴州，若干年后死在巴州，从此再也没能够回到长安。

看着他那首《黄台瓜赋》："摘瓜黄台下，瓜熟子离离，一摘使瓜好，再摘使瓜稀……"武则天想："我还没摘瓜呢，只是掐了掐而已。"

关于李贤之死，我相信一些近代史学家的说法，并非武则天所杀。因为没有必要，早在这一年她轻松地大获全胜之后，她就没有必要再杀李贤了。

接着武则天的第三子李显入主东宫，武则天还有第四子李旦作为太子后备。不管是李显还是李旦，其胆量其才能其威望，都远不如两个哥哥，从此之后，大唐帝国再也没有一个可以跟武则天在权力地位上可以抗衡的人。

风云变，乾坤易，武则天终于成为一代女皇。其中的经历，非外人所能道，非外人所能知。她这一生杀了许多的人，光是至亲，就杀了四个哥哥、一个姐姐、一个儿子、一个女儿、数个儿媳、一个女婿、一个外甥、一个外甥女，以及更多的孙子、孙女、孙媳、孙婿等等，至于李唐宗室，王公大臣，更是不计其数。

她临死前，还有三个儿女李显、李旦、太平公主活着，这些年来他们在母亲宛若命运大手的操纵下，天上地下、荣辱成败、生离死别、命悬一丝、惊险万端地终于活下来了，虽然身边的亲人早已经星散，至少他们还活着，没少胳膊没断腿的。

至于他们内心的千疮百孔，这位中国历史上唯一的女皇在生命最后一刻带着混沌的微笑想着："古往今来帝王之家的人们，谁的心里没有个千疮百孔的呢！"

快意人生

辽景宗睿智皇后萧绰

自辽开国以后，除了第一位太后述律氏以外，每一个皇帝的后妃都姓萧。也就是说，辽国历史上姓萧的太后有无数位。但是我们一提起"萧太后"这三个字，那就是指她——辽景宗的皇后萧绰，又名萧燕燕。

萧绰出身显贵，她的父亲是北府宰相萧思温，母亲是燕国公主耶律吕不古。燕国公主只生了三个女儿，萧绰是第三个女儿，据说"燕燕"二字，就是来自她母亲燕国公主的封号。在宋朝的资料上，她最早被记载为"雅雅克"。

萧思温虽然无子，但也没有纳妾，只在族中过继了一个儿子来。两夫妻鹣鲽情深，萧思温经常给妻子亲自梳头画眉，羡煞旁人。这样的家庭，对于萧燕燕的成长自然是极有好处。据说，父母恩爱的家庭里出来的孩子，他将来的婚姻幸福概率也很高；而那些为了逃避不幸家庭而匆匆结婚的孩子，在很大程度上容易陷入一个新的不和谐家庭中。

许多人往往抱怨，为什么世界上有一种所谓的"天之骄子"，出身好、学习好、事业好倒罢了，居然喜欢他的人也是那么多。幸福家庭里出来的孩子，如果不是养得过于骄纵的话，那么他的身上容易有一种"阳光气息"，我觉得这种气质比阴郁气质更能够让人心情愉悦。

幸福家庭给萧绰的好处不言而喻，让她甚至是无意识地学会了在一个小家庭内消除矛盾，增进和谐，此后她的小家庭一直都比较称心如意。这在中国历朝称制的太后中，是一个罕例。

燕国公主去世之后，三朵姐妹花开始亭亭玉立，虽然说辽国有一大半人姓萧，但是此萧彼萧相距甚大。当年耶律阿保机初建国，因为仰慕汉高祖刘邦，人家是第一个大流氓无产者当了皇帝的，之前的王啊皇帝啊都是世袭的，所以耶律阿保机追星追到把自己的姓氏也改成刘氏，而因为辅佐刘邦功劳最大者为萧何，汉代典制大部分出自萧何，所以也把自己身边的重臣和后族都改成萧姓。虽然他改姓刘这事儿最后被太多人反对还是改回耶律氏了，但是耶律阿保机却觉得兴犹未足，于是把萧姓扩大，将契丹八部，划了三部全部姓耶律，其余五部全部改姓萧。所以辽国契丹族的人就俩姓，姓耶律和姓萧。

但是萧绰家却是不一样的，她家是后族。后族原来有两部，原为开国初一直和耶律氏数代通婚的拔里氏、乙室已氏两大部落，被改为萧氏列为后族，到太宗耶律德光时，又将母后述律一族也添入后族，因此萧氏后族其实为一姓三族，即拔里氏、乙室已氏和述律氏。

萧绰的父亲萧思温，就是耶律阿保机的妻子述律平的族侄。辽国的皇帝和王族，将来的妻子都得从后族中挑选。因此萧家三姐妹，从小被当成后妃的候选人培养，三姐妹从小就学会了如何管理一个后宫，如何参与政治、驾驭臣下，如何行军布阵、带兵打仗等等对于中原女子来说是不可能的学习内容。而其中又以幼女萧绰天资聪颖，为人处事沉着大方，重要关头能够不感情用事，而最得父亲的看重。

耶律阿保机有三个儿子。长子耶律倍，即被追封为义宗皇帝的那位；次子即太宗耶律德光；第三子耶律李胡，即被追封为章肃皇帝的那位。耶律德光死后，先是耶律李胡欲继位，后被耶律倍的儿子耶律阮打败。耶律阮继位是为世宗，世宗被人杀死，由耶律德光的儿子耶律璟继承皇位，即当时在位的穆宗。这三支后人分别各据三派势力，此消彼长，都有继承皇位的可能。

在这种局势不明的情况下，老于政治的萧思温对女儿们的婚事各有安排。长女萧胡辇嫁给耶律德光一系的太平王罨撒葛，次女嫁给李胡一系的赵王喜隐，两个女儿出嫁之后，又将第三个女儿萧绰许配给耶律倍一系的世宗之子耶律贤。

萧思温的如意算盘打得叮当响，这样的话，不管是哪一系的人马做了皇帝，他都会有一个女儿能坐上皇后宝座，他都是逃不掉的国丈大人。

只可惜，老爹算盘打得响，女儿却不这么想，萧绰早就喜欢上了一个汉族男子韩德让。

论韩德让的家世，原本也是可以和萧家结亲的。韩德让是已经契丹化了的汉人，韩氏家族是从他祖父韩知古开始入辽的，韩知古本是战争中被俘的奴隶，后来因为才华过人，受耶律阿保机和皇后述律平的重用，曾总知汉儿司，又制定契丹国仪，成为开国功臣之一，一直在辽做到中书令的高官。韩知古的儿子韩匡嗣如今是太祖庙详稳，他娶的也是后族萧氏中人，而韩德让则是韩匡嗣的第四个儿子。

不过奇怪的是，韩德让足足比萧绰大了十三岁，这一年萧绰十四岁，韩德让二十七岁。韩德让于萧绰来说，实有如兄如父的感觉，他的身上恰恰融合了契丹与汉人的优点，温文尔雅的举止，饱读诗书的气质，没有契丹男儿的粗野；数一数二的骑射之术，又使他没有汉家

男儿的文弱；斯文淡定的举止中，却又有一种隐隐的威慑之力。可以想象，情窦初开的小姑娘萧绰，爱上文武双全知识渊博才华过人的成熟男子，更多的是景仰。从这点分析，可以看出萧绰的心理年龄比实际年龄成熟，而且喜欢强者。

韩德让爱上萧绰是必然的，他虽然醉心功业眼高于顶，这些年来寻寻觅觅没有找到心上人，但是以萧绰那样充满活力的青春，那样炫目的美丽，那样霸道的主动告白，一个男人怎么能够抵御这样的爱情呢！韩德让也是血肉之躯，青春男子，自然是毫不抵抗地爱上了萧绰。

两人甚至私自订下了婚姻之约，当时萧绰还不知道，她的父亲已经将她另许他人。她很自信，因为这门婚姻并非不可能，韩氏家族足以匹配后族。

但是一场政变发生了，把两个小儿女的爱情梦碾得粉碎。

当时的皇帝辽穆宗耶律璟为人残暴好杀，嗜酒喜猎，而且经常长醉不醒，辽人对于这位大白天睡觉的皇帝极为不满，称之为"睡王"。他为人多疑，皇室宗族、身边近侍不知道杀了多少，更相信巫术，取活人胆合药炼延命丹药，弄得国内怨声载道，人人自危，国势日衰。辽应元十九年（969年）二月，穆宗去黑山打猎，又因为心情不顺，一天之内肢解了六十五个鹿人，近侍小哥、盥人花哥及厨子辛古等六个仆役因为没有完成穆宗指派的差事，自知难逃一死，索性铤而走险，当夜在穆宗又喝醺了的时候，联手将穆宗杀死，然后逃亡。

当时萧思温随侍，一知道皇帝去世，立刻就要考虑下一个问题

了，耶律璟死了，下一个皇帝由谁来当？

萧思温当时身为侍中，虽然深得耶律璟宠信，却对这位皇帝也一肚子气——当年柴世宗北伐，志在收回幽云十六州，兵马直逼幽州城下。军情紧急，一日数报，萧思温软哄硬劝，才架着这位"睡王"亲临前线去鼓励士气，当时辽军已经节节败退，结果皇帝耶律璟居然发表了一番奇谈："反正幽云十六州本来就是汉人的地方，丢了也没什么，就算是还给汉人好了。"

萧思温气得险些晕倒，幽云十六州对中原重要，对辽国也同样重要，失去幽云十六州，难道皇帝陛下打算把辽国退回到放马牧羊的原始部落时期不成？

若不是柴世宗中途染病，就此去世，恐怕幽云十六州已经不保了，饶是如此，也已经失去了瀛、莫二州及附属城池。

辽国得到幽云十六州已经近百年，在心理上早认同是自己的国土，失去瀛莫二州心中自是恨事。萧思温身为国之重臣更是耿耿于怀。穆宗意外一死，这个时候萧思温能够及时通知谁来继位，谁就会是下一任的皇帝。虽然萧思温把女儿分别嫁给太平王罨撒葛和赵王喜隐，然而他在思想政见上，却是更认同晋王耶律贤。萧思温当机立断，一边封锁消息，一边派人秘密通知晋王耶律贤立刻飞马到灵前即位，是为辽景宗。

景宗一回到上京，萧思温立刻手握大权，被封予北府宰相、魏王等爵位，而后一道旨意，令萧思温之女萧绰入宫为妃。

无以得知萧绰和韩德让此时心里是何滋味，只不过身为侯门中

人，有时候政治利益高于一切，更何况两人都不是不知世事的小儿女，正相反，他们从小到大，一直接受的是涉及权势斗争的教育。萧绰从小受的是作后妃的教育，韩德让受的是出将入相的教育，在重大政治关头，他们都只能够选择面对现实。韩德让娶汉人大族李氏之女，离开京城，代父韩匡嗣镇守南京。

萧绰入宫之后，以她的美貌和智慧受到了景宗的宠爱。景宗耶律贤是一个很有城府和手段的皇帝，他年仅四岁时，父亲世宗就因为"察割之乱"而被刺杀，他幸被厨子刘解里用毡子包住放在柴草中遮掩过去得以逃生，此后他便被穆宗收养。童年的经历给了耶律贤很大的刺激，令他身心俱受伤，一直体弱多病。然则外面的羸弱恰和要强的内心成反比，这皇位本来就是他的，但是在多疑而凶残的穆宗眼皮底下，他以与世无争的态度麻痹了穆宗，穆宗曾经把所有能继位的王爷挨个儿杀的杀，关的关，监视的监视，却没有怀疑到他。他则暗蓄大志，结交飞龙使女里，南院枢密使高勋等人为心腹，又与萧思温、韩德让、室坊、耶律贤适等重臣过往甚密。因此在穆宗一死，其余王爷还没有回过神来时，耶律贤已经登基就位了。

因此对于萧绰，耶律贤本就已经将她内定为皇后了，但是他为人心计甚深，却先封其为贵妃，直到两个月后，他已经将她里外观察得很清楚了，这才下旨封她为皇后。

初入宫的萧燕燕生活得并不如意，一重重考验向她袭来，入宫一年多以后，权倾朝野的北府萧思温忽然被盗贼所杀，谁都知道这不可能是一桩意外。

十六岁的萧绰在惊变之后迅速成熟起来，只有自己手握大权，才能够掌握自己的命运。她抛开少女情怀，投入新的角色定位中。

半年以后，查出杀萧思温的凶手为国舅萧海只、萧海里，两人被处死。紧接着，在保宁三年（971年）十二月份，萧绰生下了皇长子耶律隆绪。她的权势迅速扩大，而她和耶律贤之间的夫妻感情也越来越好。景宗耶律贤生有四子四女八个孩子，其中三子三女，俱是萧绰所生，这似乎也足见他们夫妻很恩爱，而萧绰在他们十四年的婚姻生活中，从长子降生之后，几乎大部分的时间就在不停地生孩子。

随着孩子越生越多，萧绰的权势也越来越大，先后除去恃功骄横的飞龙使女里和南院枢密使高勋等重臣。这固然是萧绰自己的能力，也得益于景宗耶律贤有意的一步步栽培引导。

童年的凶杀政变，令耶律贤一生都心有余悸，不仅严重地影响了他的健康，也令他一生留有阴影。辽国从耶律阿保机开国始，就没有安稳过，每一次的皇位交替，都伴随着血腥和残杀。太祖耶律阿保机一死，他所指定的继承人长子耶律倍皇位被次子耶律德光所夺，失去皇位的耶律倍流亡他乡，死于非命；太宗耶律德光一死，耶律倍的儿子耶律阮就发动兵变，将述律太后和李胡囚禁致死；世宗耶律阮在祭祖途中被暗杀，穆宗耶律璟在行猎途中被暗杀……

皇位如同坐在活火山上，谁也不知道它会什么时候爆发，稍有不慎，做皇帝的随时可能死于非命。皇权的控制又是一件体力活儿，它需要掌控者精力充沛，发现危险苗子并及时扼杀，还要随时防范各种可能的出现。

146

耶律贤不想自己像世宗、穆宗一样死于非命，他想活得好好的，想实现自己的政治抱负，还想安安稳稳地将皇位传给自己的儿子。但是耶律贤的身体状况很差，小时候过于血腥令他受惊，从此得了风症，从史料上记载的他病发时的惊悸抽搐状况来看，倒是很像癫痫之症。这倒是一种比较典型的帝王病，据说亚历山大大帝、凯撒大帝、彼得大帝都被这种病困扰终身。

所以耶律贤再竭尽心力也不能完全放心，在他风症发作的时候，他的权势随时可能失控。他不能相信那些亲王兄弟，他刚刚从这群狼嘴里抢来皇位，现在他们正虎视眈眈地候着呢；他也不敢完全相信臣下，他们随时都可能被诸亲王收买。唯一可以全权托付和信任的，恐怕只有他的妻子，他儿子的母亲了。皇后的地位系于皇帝身上，皇后的将来系于皇太子身上，只有皇后和皇帝利益攸关，不可能背叛。就算中间有什么可能性发生，皇位最终还是会回到他的儿子手中。

从接掌皇位的第四年开始，耶律贤在观察了萧绰四年之后，两人的夫妻之情在增长，信任度也在增长。于是在接下来的日子里，耶律贤逐步将皇后萧绰带上政治的前台，让群臣慢慢熟悉皇后，渐渐适应听从皇后萧绰发号施令。直到保定八年（976年），耶律贤传谕史馆学士——此后凡记录皇后之言，"亦称'朕'暨'予'"，并"著为定式"。这就正式宣告天下，一旦有什么意外发生，和他具有同等地位的皇后所发表的命令，等同于他的命令。

在萧绰执政的时候，发生了一件大事。辽国自太宗耶律德光企图入侵中原不果以后，一直以来内乱不断，自顾不暇，尤其是穆宗执政以来，国力更是衰弱。而在中原，则由后周开始逐渐成一统之势。自柴世宗、宋太祖、宋太宗开始，就不断地对辽发动攻击，当时的情形一直是南攻北守，只挨打不还手的局面。

到辽景宗继位，重用汉臣，兴利除弊，国势为之一缓，但是同时他所面对的对手也在日益强大。辽乾亨二年，即宋太平兴国二年（979年），宋太宗亲率大军，灭了辽国在南方的最后一个属国北汉，尽管辽景宗和萧绰连连派出北院大王耶律奚底和南府宰相耶律沙等率大军救援，却也没能够保住北汉。一时之间，朝野大惊，因为大家都知道，下一步肯定是要对辽发动攻击了。当时情况一直是南强北弱，刚刚一统天下的宋军气势正锐，完全不同于后来演史说的那样畏战如虎，恰恰相反，反是一直在打败仗的辽军比较胆怯。

果然宋太宗在灭了北汉之后，立刻发动了对辽的攻击，大军不还朝，直逼到辽国的南京城下。当时正值辽景宗每年例行的夏捺钵，即是指辽主四时巡察不同地区，举行游猎畋渔的仪式，并接见当时部族，加强统治。文武大臣都随辽景宗行帐夏捺钵去了黑山，包括当时的南京留守韩匡嗣，只有韩匡嗣之子韩德让代父执政。

而在黑山，刚刚接到北汉灭亡消息的耶律贤和萧绰又立刻接到南京被围的消息，不由大惊，立刻派耶律休哥、耶律斜轸率军救援。

这一边，韩德让代父执政守住南京城，在辽军数次败退的情况下，一边派人飞报景宗，一边调集粮草军备，并日日夜夜亲自登城坚守，安抚百姓，稳定民心军心，为援军到来赢得宝贵的时间；另一边，萧绰调兵遣将，千里飞援。两个旧情人心灵相通，竟然神奇地扭

转了局面。宋军久攻不下，反而被耶律休哥在高梁河伏击，全线溃败，太宗在王承恩的保护下抢了一匹驴车逃走，狼狈无比。

南京一役，在宋被称为"高梁河之战"，使得韩德让自此声誉鹊起，正式超越其父韩匡嗣，进入辽国最中央的决策层。

"高梁河之战"，也是对于辽国至关重要的一战，数十年来辽国在后周、宋的攻击之下，只有招架之力，并无还手之功。而这一战则成为辽国反败为胜，由弱转强的关键转折点，令整个辽国的军心民心为之振奋。

而这时候，辽景宗耶律贤的身体已经每况愈下，政事基本上都已经交与萧绰。可以说这一战，实是由萧绰全权指挥，也不为过。

高梁河之战后第三年，即乾亨四年九月，辽景宗耶律贤巡幸云州，猎于祥古山，崩于行宫。遗诏令"梁王隆绪嗣位，军国大事听皇后命"。就这样，辽国的统治权，正式完全交于萧绰之手。

虽然在此之前，萧绰已经执行实际行政事务十几年了，但是行政权不代表所有权，萧绰代表耶律贤发号施令人家可能听话，但是萧绰自己出来说话未必就这么灵。辽国的皇权交接一向不规范，连成年的皇帝都有可能夜半失头，更何况当时才不过十二岁的小皇帝耶律隆绪。当年那么厉害的述律太后，也要站在儿子的背后发号施令，她推第一个候选人耶律德光人家买账，推第二个耶律李胡就狼狈收场。

刚接手朝政的萧绰忐忑不安，从皇后成为太后的她，立刻召见了景宗临死前的顾命之臣韩德让和耶律斜轸，垂泪道："母寡子弱，族属雄强，边防未靖，奈何？"

这两位都不是外人，韩德让是萧绰的旧情人，耶律斜轸是萧绰的侄女婿，既是至亲又是心腹，在他们面前垂泪很容易引起他们的同仇敌忾之心，果然这两位立马表示忠心："但信任臣等，何虑之有！"

萧绰还有一重加强措施，圣宗即位后不久，在萧绰主持下，小皇帝耶律绪与耶律斜轸进行了互相交换弓矢鞍马的仪式，这种仪式金庸曾经在《射雕英雄传》里写到过，蒙古人叫"结安答"，从此两人成为患难与共的兄弟。

对于韩德让，萧绰是另一种做法，据史料载，耶律贤死后，萧绰就跟韩德让有了如下一段对话："你我曾有婚姻之约，今愿偕前盟，我儿即你儿，望辅佐之。"

韩德让当然尽心尽力，而事实上，两人旧情未断，韩德让又没有儿子，耶律隆绪从小就由他执教，在萧绰有意无意的培养促成下，两人建立起犹如父子般的情谊来。

韩德让当然会尽心尽力地辅佐，这一边护送着景宗灵柩回京，保扶圣宗登基，然而此时情况的确不太妙，不但诸王蠢蠢欲动，还有二百部族各拥武力，企图借着孤儿寡母执政无力，要回到原来八部轮流坐庄的历史中去。

内外交困，宋太宗赵光义听说辽国皇帝新丧，剩下孤儿寡母，立刻觉得机会来了。赵光义是见过孤儿寡母执政的局面的，一次是后周柴世宗去世，剩下符太后和小皇帝，全无主张，宋太祖赵匡胤乘机发动陈桥兵马，轻易地取了江山。还有一次是宋太祖去世，皇后宋氏连忙派人宣召皇子赵德昭继位，不料赵光义早已经登上金殿，宋皇后也

只能大哭一场认命。

所以对于赵光义来说，孤儿寡母当国所有的概念，就是符太后、宋皇后这一类后宫女主，柔弱而无主见，江山落到她们的手中，等于是白送给人一样。他带着这种观念，发动了第二次北伐。而这种偏见，将是致命的。

为了夺回幽云十六州，从后周到北宋，一共有四次机会可以成功。似乎是天意的捉弄，命运的嘲讽，这次四次机会，都是在南方军占有绝对优势的情况下，却因为一些意外的因素，而使得北伐大业终成泡影。

第一次后周柴世宗连夺三州，却在中途染病不起。宋太祖赵匡胤夺了江山，却采取赵普的先南后北主张，使得辽国得到了喘息的机会。等到宋太祖一统南方，欲要挥师北上之时，却已经是重病不起了。北伐大业，最后搁置。到宋太宗赵光义继位，挥师北上之时，辽国已经从这两次的机会中得到了喘息，辽景宗推行汉化，国力得到了恢复。而赵光义在南京城下受了伏击之后，军队实力仍在，只要能够重整旗鼓，未必不能不一举收复幽云各州，但赵光义却因为疑心众将有拥立赵德昭为帝之心，匆匆结束北伐，回师整理内务去了，这又使辽国得到喘息的机会。而等到赵光义终于在几年以后再次发动北伐之时，机会已经失去了。这一次的惨败，不但令得北宋的军事力量大受打击，十余年内无法恢复，而且失去了名将潘美和杨业。

潘杨案传说了几百年，然而真正害死杨业的罪魁祸首，不是野史传说中的潘美，也不是正史记载中的小人王侁，而正是宋太宗赵光义自己。因为猜忌曹彬、潘美等是赵匡胤在世时所用的大将，赵光义在出征之前，采用了监军制度，并且规定了行军计划。不料曹彬所部一路冒进，以致于中了耶律休哥埋伏，使得三军会师幽州成了泡影。而潘美所部也因此被迫撤退，不料监军王侁贪功嫉妒，和副将刘文裕强逼降将杨业再去攻打寰州。杨业遭人嫉妒是实，却算不到潘美头上。潘美是开国第二大将，功劳仅次于曹彬，北宋一统各国，有一半国家是他打下的，另一半是曹彬所打下的。杨业本是降将，归附未久，在北宋所经历的最大战役也不过是云州对辽人打了一场小小伏击战，两人地位功劳天差地远，说白了，开国元勋会嫉妒被灭国的只打过边境骚扰战的降将吗？

嫉妒杨业的另有其人，就是监军王侁，他原是田仁朗的部下，因为构陷了主帅田仁朗取而代之，将李继迁杀得大败，逃入辽境而崛起军中，深得太宗信任。此时再征辽国，便派了他为监军。王侁在军中资历浅，虽然能拿着监军身份压人，但总是底气不足，不敢对那些老资格怎么样，只能拿杨业这样的降将欺负欺负。潘美作为主帅，当然知道王侁在挤兑杨业。只因为王侁的背后，站的是当今皇帝，而王侁却是以诬陷主帅起家，他也不愿意自己成为第二个田仁朗，于是悲剧就这么发生了。

杨业出战前，他和主帅潘美做了约定，请主帅在要道陈家谷部署步兵强弩接应。潘美依约驻军陈家谷等候，不料王侁想率军去抢功，又怕潘美反对，便自己率军出谷而去。此时却传来杨业战败的消息，王侁得知耶律斜轸大军将到，慌忙率军撤退。潘美率军正追赶王侁，

结果被他撤退的兵马一冲击，整个大军阵脚大乱，无法抵抗将至的辽军，为防全军覆没，只得先撤军回代州。

杨业力战尽日，转战到陈家谷，没有看到接应的人马，却被耶律斜轸大军追来，只得再率领部下力战。杨业身受几十处伤，左右殆尽，仍手刃敌军数十百人，杨业筋疲力尽，战马又受了重伤，最后为辽军生擒。杨业之子杨延玉，以及部将王贵、贺怀浦全都力战而死。杨业被擒不屈，绝食三日而死。

雍熙之败，败在宋太宗用人之道上，疑心牵制，令将帅不能做主。曹彬性格稳重，他的军队却是一路贪功冒进；潘美性格暴躁，明知杨业无辜却受制于监军不能相救。两人这一战中的行事，都与平生性情大大相违，实是有受制于人之嫌。

所以宋太宗也自己心中有数，咎在自己，所以他重重处分了曹彬、潘美军中的监军副将，却只将曹彬、潘美两人略作降级，次年就恢复原职。但潘美受此打击，不久就病死了。

历史将在这里摇头或者微笑，谁能想得到宋太宗的两次北伐，却只是成就了萧绰不世的英名。这两次大战，宋再无北伐之力，而辽国却开始反守为攻，由弱转强。

宋失去了四次机会，此后再也没有翻身的可能。由此两国相距，始终不能一统，也因此造成了后来金、元相率入侵，汉家天下就此转变，历史走上了另一条道路。

而此时，在辽国国内，萧绰和韩德让一边大力推行汉化，削弱部族势力，稳固皇权；一边又抬出契丹远古的再生仪柴册仪等，一再举行宗教仪式，让百姓认为萧太后的执政乃是神权天授。

当年契丹八部轮流为主时，每个部落长成为盟主前，都要举行祭天仪式，以柴堆积成三层的殿和坛，再在上面放百尺龙纹的毡子，然后在殿后设再生室。皇帝入再生室，行再生仪，八部前引后扈，皇帝再于柴殿上参拜太阳，诸王与大臣们在柴堆下参拜，然后皇帝对着太阳起誓接受皇位，诸部落长、宗亲王室和南北大臣对皇帝起誓效忠。这种仪式从契丹建立部落联盟制度起，自唐朝起至此时已经将近二十世。

那一日，萧绰穿着大红镶金的衮服，皇冠上的金光照得人睁不开眼。她站在高高的柴殿上，举起双手，全身被绚丽夺目的阳光所笼罩着。她的身上，也发出太阳一般的光芒，像是从太阳中走出来的神祇。那一刻参拜的群臣相信，太后是上天派下来执掌大辽的。所有的部落长和王室宗亲文武大臣，对着太阳神，对着长生天，发下了效忠的誓言。

通过战争胜利、宗教仪式和政治改革，在韩德让的辅助策划之下，萧绰在辽国建立了不可动摇的地位，两人的感情也到了十分圆满的地步。

有人说两个人的相处，在开始时的模式会维持终身。于萧绰来说，在初识韩德让的时候，她还是一个十三四的小姑娘，而韩德让已经是一个成熟而阅历丰富的成年男子，而且文武双全，似乎无所不知。虽然此后两人分开，萧绰在不断进步，但韩德让也没有落后，从南京之战到后来的辅政策划，他足智多谋，为萧绰的执政立下决定性

的功劳。

因此在萧绰和韩德让的相处中，她并不仅仅将他视为臣下和情人，而是将他视为自己的丈夫。她不但爱他还敬重他，她和韩德让同进同出，同饮同寝，而且两人同座议事，同受臣下参拜，甚至接见外国使臣，也是两人同坐，而皇帝耶律隆绪反而要坐在两人下首。

萧绰不但自己视韩德让如此，也要自己的儿子和臣下们一起尊重他。圣宗耶律隆绪和诸亲王要前去向韩德让请安，甚至要在离他府门一段距离时就下辇步行，对韩德让一直执对父亲的礼节，韩德让生病要亲自侍候等。

终整个辽朝始终，韩德让的官职晋升到前无古人后无来者的程度，从开始的南院枢密使，开府仪同三司，兼政事令，然后加司空，封楚王，为北府宰相，仍领枢密使，监修国史，赐兴化功臣，加守太保，兼政事令，兼北院枢密使，拜大丞相，进为齐王，总二枢府事。在辽国，因为民族性质分为南北二府，北院枢密使由契丹人出任，南院枢密使由汉人出任。韩德让身兼南北，则是辽国几百年以来唯一的一个。

萧绰犹不满足，甚至在小皇帝面前的君臣这一名份也欲去掉，于是赐韩德让皇族姓氏耶律，赐名隆运，封晋王，隶属季父房，圣宗从此得称韩德让为亲叔叔了。韩德让像辽国历代皇帝和摄政太后一样，拥有自己私人的斡朵鲁（宫帐）、属城，万人卫队，直如辽国的太上皇。史载："德让无子，初以圣宗子耶律宗业为嗣；又无子，以魏王贴不（宗范）子耶鲁为嗣；天祚立，以皇子敖鲁题为嗣。" 因为韩

德让无子，于是皇室数几代都贡献皇子皇孙作为韩德让的后嗣，看来是一直延续到辽末代的天祚帝时，为韩德让继嗣依旧没停。

两人甚至举行了实际上的婚礼仪式，早在圣宗统和六年（988年），即辽景宗去世后的第六年，萧绰一反从前在皇宫中宴请皇亲众臣的惯例，在韩德让的帐室中大宴群臣，并且对众人厚加赏赍，并"命众臣分朋双陆以尽欢"。后人指出，这就是萧太后改嫁韩德让的喜宴。

萧太后至此事事称心如意，但是这个世界上，总没有令人百分之百满意的事。这完美中的遗憾，就来自萧太后的两个姐姐，嫁给了赵王喜隐的二姐和嫁给齐王罨撒葛的大姐萧胡辇。

而这个悲剧，早在她的父亲萧思温当年把三姐妹嫁给辽国三支亲王时，就已经埋下了。虽然这样一来，萧思温的政治婚姻总有一样会押中宝，但也让三姐妹跟着各自的丈夫，成了政治上的死敌。

萧家二姐的名字在史书上无考，她先嫁给李胡之子赵王喜隐为妃，而喜隐早在景宗时数次谋逆，第一次萧绰看在姐妹份上放过了，只是小惩一番；第二次又造反，于是将其囚禁了；第三次再造反，当时正值景宗末年，危机四伏之际，萧绰不能再留祸患，终将喜隐处死。然而被爱情冲昏了头的萧家二姐，已经完全站到丈夫这一立场，因此对妹妹怀恨在心，借着以姐妹之情举行家宴之时，打算将萧绰毒死。不料计划失败，萧绰终于下令处死二姐。

大姐萧胡辇跟萧绰倒是并没有出现像二姐那样的政治敌对。在父亲的安排下，萧胡辇嫁给了太宗之子、穆宗之弟太平王罨撒葛。景宗

继位之后，为了稳住局势，封罨撒葛为齐王，又封为皇太叔。但是罨撒葛不久就去世了，新寡的萧胡辇被尊为皇太妃。也许是罨撒葛年纪已老，再加上这段婚姻生活比较短暂，这一段政治对立没有波及萧胡辇和萧绰的姐妹之情。辽国的女人，对于守寡的概念并没有像中原人那样悲惨，萧胡辇接手了罨撒葛的旧部，以"皇太妃"的身份率三万兵马镇守西北，替妹妹安定后方。兵马所致处处大捷，周围小国纷纷朝拜，萧胡辇权柄在手呼风唤雨宛若西北女皇，快意得很，她很快就有了远比罨撒葛更年轻更英俊的新欢。不久之后，一个叫挞览阿钵的奴隶成为她的新宠。

萧绰并不反对姐姐寻找新的欢乐，但是以她的审美眼光，摆在面前的是韩德让那样的高标准。姐姐可以喜欢马奴，没问题，姐姐可以再嫁，也没问题，但是再嫁总得嫁一个王公贵族，文能定邦，武能定国的那种。当她听到姐姐说"愿嫁番奴为妻"这句话时不禁目瞪口呆，立刻做出了判断，将那个不怀好意、野心勃勃的马奴重打一顿，赶往远方。

不料这次萧胡辇的爱情来了，她死心塌地，只要这一个，对萧绰安排的人选看也不看。一年以后萧绰终于让步，将挞览阿钵还给萧胡辇。但是挞览阿钵本来就是一个野心勃勃的人，经此一顿苦打，更是怀恨在心，最终怂恿萧胡辇谋叛自立一国。他的逻辑很简单，萧绰的情人韩德让可以做上辽国的太上皇，那他皇太妃的情人好歹也应该做上一国之王。但他也不想想，韩德让背后是韩家三代身任大辽重臣和韩德让无数军功的资本，又如何是他一个一步登天的马奴能比？

这场叛乱没有意外地被结束了，挞览阿钵先被诛杀，萧胡辇不久也被赐死。萧家的姐妹都很厉害，在政治上、在军事上都不弱于人，但是最有特色的，还是那种"冲冠一怒为蓝颜"的性格。萧家大姐为小情人谋反而死，萧家二姐为丈夫谋反而死，就连萧绰也不能免，她对韩德让的特殊待遇人人可见。涿州刺史耶律虎古，因对韩德让无礼，韩德让竟然当庭将耶律虎古击死，一向以执政严明、在国内推行杀人偿命制度的萧绰眼睛一闭，硬是当没看见。可同样，大将胡里室在马球赛上将韩德让撞下马，萧绰大怒，立刻就将胡里室斩首示众。唉，这真不是普通的偏心啊！

一辈子叱咤风云的萧太后，也总会有老的时候，在她退出政治舞台之前，她还想干最后一件事。

1004年，萧绰亲率大军二十万南下攻宋，军队一路推进，到达澶州城，直逼百里外的东京汴梁城。北宋朝廷一片混乱，甚至有大臣建议弃城逃跑，迁都江南或者蜀中。宋真宗在宰相寇准的鼓励下御驾亲征，在澶州城下，与萧太后签订了"澶渊之盟"。

"澶渊之盟"的大致内容是：辽兵北撤，退出所占的十几个城池。宋国每年输银十万两绢、二十万匹给辽国，双方交换誓书，彼此以平等的地位相待，并且约同"所有两朝城池，并可依旧守存，淘濠完葺，一切如常，即不得创筑城隍开拔河道"。这条约也永久有效，所以共同声明"质于天地神祇，告于宗庙社稷，子孙共守，传之无穷。有渝此盟，不克享国，昭昭天鉴，当共殛之"。

宋真宗比较满意，这次和议不但寸土不让，还让辽人交出了已占

的城池。在此之前，每年给辽国的岁币才三十万，但宋辽互市后，光是榷场贸易的利润就能每年增加上百万收入，还不到岁币三分之一，宋朝在和议上的收入其实是增加了。

萧绰和韩德让也很满意，原本就没想到去占领宋国，一个长久有效的拿钱的合约，不但足以向国人交待，而且再也不用怕将来他们去世以后，辽国不能再出现像他们这样的强势人物，而再走回穆宗的老路上去——有一个和平条约保着呢！

大家都满意，就有遵守合同的动力，自澶渊之盟后，宋辽保持了将近一百二十年的和平时光。两国罢战休兵，各自埋头发展经济去了。不管以后的变故如何，至少这一百二十年，是中国历史上老百姓过得最好的一段日子。

萧绰和韩德让联手完成了这最后一战，又过了五年，萧绰自感身体每况愈下，于是在圣宗统和二十七年（1009年）的十一月为耶律隆绪举行了传统的"柴册礼"，还政给儿子。

这时候，她已经在南京城开始修建新宫了，打算到南方去疗养，不料走到半途，一病不起，逝于行宫，终于五十七岁。死后，葬在辽乾陵之中。

相倚一生的爱人去世了，对于已经七十岁的韩德让来说，也是一重极大的打击，他的身体也自此垮了下来，尽管圣宗耶律隆绪率诸亲王像儿子一样亲侍床前，皇后萧菩萨哥也亲奉汤药——耶律隆绪一直和韩德让亲如父子，感情始终不受皇权和时间的影响，除了皇太后萧绰安排得当以外，与他的皇后萧菩萨哥也有部分关系。她是韩德让的外甥女，和舅舅关系一向很好，而耶律隆绪和这位表妹皇后的感情，也维系了终身。

尽管帝后殷勤服侍，韩德让的生命仍在急速消逝中。就在萧绰去世后的第十五个月，韩德让也随之去世。辽圣宗耶律隆绪亲自为韩德让举行了国葬，并将其安葬在萧绰的陵墓边。韩德让成为葬在大辽皇陵中的唯一一个汉人和臣下。

辽乾陵，大辽承天皇太后萧绰的陵墓，一边葬着前夫辽景宗耶律贤，另一边葬着后夫韩德让，眼前儿孙孝敬，身后功业千秋，萧绰此生，足可含笑矣！

中国历代皇后、太后中，或也有临朝天下，建功立业者，却难免夫妻反目，母子相争；或也有夫妻恩爱，儿孙孝顺者，却难免三从四德，锁于深宫。而千古以来能够全面收获功业、家庭、爱情之圆满者，却唯有萧绰一人。

宋真宗章献明肃皇后刘娥

说起宋真宗的皇后刘娥，一般人可能不太知道，但说起民间传说"狸猫换太子"中的刘娥，在中国可以说得上是家喻户晓。这位曾在历史上被称为"宋代武则天"的一代女主，却以这样一种被扭曲了的形象存在人们的记忆中。

　　而事实上，真实的历史虽然不说是完全不搭边，至少也相差甚远。

　　从一个卖唱的孤女，到一国之母，再到垂帘听政，再到身披龙袍，刘娥的一生，充满了曲折离奇。可以说，刘娥是中国历史上最具传奇性的皇后之一。她可算得是历代皇后中出身最寒微最孤苦的，甚至连出身都存疑；她虽然尊贵，却是孤独的，她终其一生没有一个真正血缘意义上的亲人。但是她也是中国第一个建立了完整的垂帘听政制度的皇太后，由于她的原因，使得宋朝垂帘听政的皇太后达八人之多，数目为历朝之冠；在刘娥之前的太后谥号均为二字，从刘娥开始，参照女皇武则天，称制太后谥号为四字；她是中国历史上继武则天之后，另一个穿上龙袍的女人，再也没有第三个；史学家将她和汉代吕后、唐代武后并称三大女主，并称其为"有吕武之才，无吕武之恶"的大宋女主；清代的慈禧是她的崇拜者，曾经下令自己一切听政的体制都要参照"宋代章献皇后故事"……

　　她的一生，分为四个十五年。第一个十五年，她是民间逃难的孤女；第二个十五年，她被未登帝位的真宗金屋藏娇，最美好的岁月里，却是不见天日担惊受怕的；第三个十五年，她是真宗的宠妃；第四个十五年，她是掌握国政大任的皇后、皇太后……

983年，即宋太宗太平兴国八年，太宗赵光义下旨给诸皇子封王开府，十六岁的皇三子赵恒被封为韩王。出了官的韩王像出了笼的鸟儿自由自在，他遇上了一个令他倾心一生的女子，从蜀中逃难而来的民女刘娥。

这一年刘娥十五岁，和她在一起的是一个银匠叫龚美。尽管后来在官方的记录上，刘娥被称为一个真正的官家千金：据说她祖籍太原，她的祖父刘延庆在五代十国的后晋、后汉时任右骁卫大将军，她的父亲刘通官居虎捷都指挥使，母亲庞氏也出自名门。甚至于她出世的时候，还伴着许多奇异的吉兆，比如说她母亲梦到一个月亮掉入怀中而孕育了她等等。

我觉得这些官方记录，更像是她后来为了当皇后、称制垂帘甚至称帝而做的舆论造势，就像武则天夸耀自己是梦见金轮而孕，赵匡胤说自己出生时满室异香一样，想要称帝的人多半喜欢给自己造这种神异出生论。从刘娥掌权之后，始终找不到真正的亲人来看，她更像是一个逃难中父母不详的孤儿。自从宋太祖灭后蜀以来，一直有蜀人连年不断地起义，看来是战争和动乱使刘娥失去了亲人和她的身世。

刘娥在流浪中学会了一种谋生技艺叫"鼗鼓"，这种东西有点像今天的拨浪鼓，在民间作为乐器演出。京城人觉得很稀罕，刘娥凭此糊口，她的美貌和聪明却吸引了微服的王子赵恒，她也因此进了韩王府。

十五六岁的少男少女，陷入初恋的爱情之中，当然是如胶似漆，然而这种身份悬殊的恋情，却往往不能为周围环境所认同。先是赵恒

的乳母秦国夫人看不惯这小情侣的亲亲热热，并将此事向太宗告状。而宋太宗赵光义正准备为儿子们结亲将相之家，听到有一个卖艺的女子居然迷惑了韩王的心，一怒之下，下旨将刘娥逐出王府。

赵恒上有政策下有对策，就把刘娥藏在心腹张耆家中，就这么一藏藏了十几年。然而这对于刚刚做上幸福梦的小姑娘来说，无异于是晴天霹雳，这对她的一生有了极大的改变。

紧接着，赵恒在赵光义的旨意下娶进了大将潘美的女儿潘氏，无端被拆散鸳盟的赵恒颇迁怒于王妃潘氏，潘妃嫁过来不久倍受冷落，再加上潘美因北伐失利被降罪，郁郁而终，娘家的失势更令潘妃度日艰难，嫁过来几年之后，抑郁而死。

如果不是外界政治气候的变化，刘娥很可能会终此一生，以一个皇子的外室而终结，未必不是一种生活，但是命运却开始出现了转折。

宋朝是赵匡胤夺了后周柴世宗孤儿寡母的江山而得，因此一开始太祖赵匡胤就在杜太后的劝说下，立下"兄终弟及，国赖长君"的国策。尽管在赵匡胤后期因为儿子赵德昭日渐长大成人而有些改主意，但是已经无法从弟弟赵光义手中收回权力。赵光义在后世"烛影斧声"的疑云中登基，当时照原定方案，赵光义死后将传位给弟弟赵廷美，而后再将皇位传回给赵匡胤的两个儿子赵德昭与赵德芳。所以当时若按照正常皇位继承位顺序，应该是赵廷美、赵德昭、赵德芳、赵光义的长子赵元佐，次子赵元僖，赵恒名列皇位继承的第六位。

然而赵光义在做了皇帝之后，并不打算把皇位按照这种顺序传下

去。先是太平兴国四年，逼死赵德昭；此后又过了两年，赵德芳也重病而死；最后只剩下弟弟赵廷美，在太平兴国七年以谋逆罪名，流放房州，赵廷美一年多以后，就病死房州。

赵光义原本属意立长子赵元佐为储，不料赵元佐却对父亲这种伤害骨肉的做法很是反对，先是为赵廷美求情不果，再听到赵廷美病死的消息，激怒成狂，火烧东宫，被赵光义囚禁，失去了皇位继承权。

而次子赵元僖在被立为皇储之后，也莫名暴死。冥冥之中，竟无意间将三皇子赵恒推上了皇位，也在间接之中，成全了刘娥。

而此时，刘娥在十几年的幽居生涯中闭门读书，从一个昔日目不识丁、天真无邪的乡下丫头，脱胎换骨成了饱读诗书、精于谋略的政治女人。皇位并非无端落于赵恒头上，赵元僖死后足有数年时间，皇储之位悬而不决，诸子相争，赵光义晚年又极为多疑。赵恒得承皇位，颇经一番周折，而刘娥从中或多或少也学到些权谋相争。

998年，宋真宗赵恒继位之后，终于可以名正言顺地把心爱的女人接进宫来了。但此时宫中，早已经有了正宫皇后郭氏。

如果没有那十几年的幽禁，也许刘娥对于赵恒来说，可能跟后宫的其他女人没有多大的区别。身为皇帝的赵恒，生命中的任何一个女人都唾手可得，不曾用过心费过力，自然也就不会太放在心上。但是当赵恒遇上刘娥的时候，他还很年轻，在最真挚的年纪感情受挫，此后的岁月里只能偷偷相见，相思之苦、相聚之难，他为之付出的心血和感情，是其他后妃不可能有的。唯其难得，因此珍贵，所以在他的一生中，也许有无数的女人，而他唯一真正付出过真心的，却只有刘娥一人。

刘娥入宫时，已经是三十岁了，真宗所有的后妃，都比她年轻，但是最得宠的却仍然是她。而经历几千里逃难挣扎求生，在酒肆歌场混迹过，又经过十几年幽居生涯的刘娥，其心计手段，远非那些养尊处优从闺阁到后宫的后妃所能比的。在真宗的后宫里，她始终独宠专房，同时，又不显山露水。

刘娥入宫不久，真宗就想立刻封她为贵妃，不料却受到了宰相李沆的拒绝。而此时的刘娥已非年轻时处处爱争胜的性格，自那以后，她做任何一件事都喜欢水到渠成。她不再提起此事，安然从后妃中最底层的美人一位做起，然而在整个后宫中，却无人敢轻视她，包括皇后郭氏在内。甚至比她名分更高的其他妃子，都争相来讨好她。

皇后郭氏的身体一向不太好，连生了三个皇子，有两个早夭，仅活着的二皇子祐，也在九岁时夭折了。郭后受此打击，在景德四年（1007年）病逝。

郭后去后，刘娥封后的事情，就被真宗提到日程上来了，然而却遭遇了冰霜。宰相重臣们根本不接受一个来历不明、出身微贱的女人为皇后，他们甚至提出了让另一个妃子杨氏和已故宰相沈伦的孙女沈氏作为候选人。

三十年的相爱，只是因为一个名分，却因此而一次次被放逐，被羞辱，被拒绝，刘娥和真宗自然不会就此罢手，真宗甚至比刘娥更坚决，当年因为自己无能为力，而无法保全自己心爱的女人，而今到了这种地步，自己仍然不能够做主，又是何其的恼怒。

这个时候刘娥反而忽然上了辞表，表示自己退出皇后之位的竞选，于是真宗的皇后之位就空了下来，一空就是六年。

当然这六年里刘娥也没有闲着。不知道为了什么，她和真宗在一起三十多年，虽然独宠专房，却一直没有儿子。这不但是她的烦恼，也是真宗的烦恼。真宗的子嗣一直不太旺，他一共生了五个儿子一个女儿，却都没有一个活得长的。直到景德三年最后一个儿子也夭折了之后，皇宫里没有一个孩子。皇帝无嗣是一件很令人头疼的事，真宗虽然迫于无奈，将弟弟越王赵元份的儿子赵允让接入宫中，但终究还是希望能够有一个自己的亲生儿子。

大中祥符二年，在郭后去世后的第三年里，后宫终于传出喜讯，真宗对外的宣布是："德妃刘娥生下了一个皇子。"并以此为由，堵住了满朝重臣的嘴，在小皇子三岁那年，刘娥终于如愿登上了皇后的宝座。

这个孩子取名受益，在官方对外发布的消息中，他的生母是皇后刘娥，而实际上，他的真正生母，却是刘娥的侍女李氏。李氏是江南人，祖父是吴越王的旧部，而吴越王的女儿恰好嫁给刘娥的哥哥刘美，也就是和她一起来京城的银匠龚美。当刘娥身份地位一步步蒸蒸日上的时候，她需要有背景有家族有外戚，因此，和她一起进入京城的同伴龚美，就成了她的哥哥，并改姓刘。也正因为如此，银匠出身的刘美此时已经是执掌京城军机的武胜军节度使，并在前妻去世之后，娶了吴越王府的小姐为继室。而这位李氏，也就很可能是刘美和吴越王府为了刘娥的"借腹生子"计划而进献的美女。

这一事件里，真宗和刘娥得偿所愿，既得到了一个货真价实的皇子，可以免去宗室继承的烦恼，又能够有理由堵上满朝文武的嘴，将刘娥立为皇后。

　　整件事的经过，真宗一直有份参与。刘娥这一年四十五岁了，已经不太可能再生得出儿子来。在史料中记载，李氏怀孕后，真宗带着李氏走上高台时，李氏的玉钗坠落而不碎，他因此认为是生儿子的吉兆。然而他还是对外宣布，生下皇子的是刘娥，因为他所爱的，想要册封为皇后的女人，只有刘娥。

　　当然，在刘娥被封为皇后不久，消息渐渐地泄露了，这件事本来就没有瞒得很紧，但是刘娥已经是皇后了，就算小皇子不是她亲生的，在名分上仍然算是她的儿子，所以就算揭露了，也没有办法再把她拉下皇后宝座，更何况，当时真宗是她的支持者。

　　这段故事被后世演变成《狸猫换太子》的故事，则是在明代。明朝宫闱中发生过两件夺子杀母的惨案。一个发生在明宣宗时期，宣宗的宠妃孙氏为了做上皇后之位，秘密将一名宫女生下的儿子夺为己子，即明英宗朱祁镇，并害死皇子的生母。孙妃则因此做上皇后、皇太后，得享终年。那名惨死的宫女，虽然生下过皇帝，却死得无声无息，连姓名也无从得知。而终明英宗一世，也不知道自己的生母为何人。另一桩发生在明宪宗时期，明宪宗宠爱比他大十几岁的保姆万氏并封为贵妃，万贵妃无子，宫中所有妃嫔凡是怀孕均被她杀死，唯有一名纪氏官人逃过一劫，生下一子，即后来的明孝宗朱佑樘。但是万贵妃发现后，即将纪氏毒死。

这两桩事流传到民间，连普通百姓也感慨不平，但是又不敢直说当朝皇帝的事。戏剧诗歌中向来有为了避祸而"指汉为唐"的传统，比如白居易写唐玄宗杨贵妃的故事，《长恨歌》开篇第一句就是"汉皇重色思倾国"。戏剧更多借古讽今，如明太祖朱元璋大杀功臣，百姓就编派汉光武帝刘秀将开国功臣统统杀光的戏《二十八宿上天台》，编派宋太祖赵匡胤杀了义弟郑恩，郑恩之妻陶三春兴兵，赵匡胤赔罪的戏《打龙袍》。于是《狸猫换太子》就此出笼，那些被害死的皇子生母，在戏里不但逃过一劫，而且历尽千辛万苦终于做回太后宝座，终于有冤报冤有仇报仇，害人者得到报应。借着戏文来骂孙太后、万贵妃，也同时把明英宗明宪宗涮了一把。而刘娥同刘秀、赵匡胤一样，也替后来朝代的宫闱血案背上了黑锅。

而在当时，李氏则一直留在刘娥的身边，逐步被册封为崇阳县君、才人、顺容等位，并且此后又生了一个女儿，刘娥还派刘美前去寻找她的亲人并封官。李氏也明白，真宗对于她毫无兴趣，和有可能成为白头宫女的结果相比，她虽然有失去儿子的心酸，但是家族的显贵和女儿的出生，也使得她非常认命地接受这种安排。再说，小公主出生后一直体弱多病，直到真宗将小公主舍入道观，出家为女道士，这位公主才顺利长大，也因此李氏更认为自己无福为母，所以终她这一生，默不开口。

还是那句老话，掌握皇权是件体力活，刘娥自封为皇后以来，真宗的身体也渐渐走向下坡路，而刘娥不仅熟读经史，而且在这三十多年里，一直追随真宗，对于他的思想政见都极为了解，更兼记忆力超强，思路敏捷善于分析局势，真宗渐渐在政事上依赖刘娥作为助手，时长日久，刘娥虽然人在后宫，但是对整个朝廷中的局势变化已经一目了然，甚至也对真宗的执政有所影响。

当时的宰相是王钦若，他精通史学，满腹才学，只可惜貌丑心也丑。他先是排挤陷害掉"澶渊之盟"的大功臣寇准，再利用天书事件，将大权揽于一身。王钦若揽权久了，自然就开始不稳定。宋代的宰相一般位置都坐得不长久，为了防止相权过大，皇帝总是时不时地给宰相们实行轮岗制。赵普曾经三度为相，吕蒙正也曾经三度为相，说明他们做宰相再称职，皇帝也喜欢给他们轮轮岗。

王钦若当初，也是看准因为寇准权势过大，到处插手其他政务，连皇帝的话都不放在眼中扬长而去的情况，才适时挤走寇准，得居相位。现在，则是轮到他自己掌权过久，被副相丁谓挤下台去了。

丁谓跟寇准原本是好朋友，这事儿估计很多人都没有想到，丁谓挤下王钦若之后，不但没有自己争取上去，反而一力推荐被王钦若排挤掉的寇准重新任宰相之位。但是寇准任相之后，很快又跟丁谓发生了矛盾，可见权力面前，友情的确是很薄弱的。

真宗晚年多病，每次病发的时候，政事只能交给皇后刘娥。而宰相寇准对此深为不满，这时的寇准也同当年的寇准不一样了，他为了重新得回相位，不惜制造"天书"祥瑞，亲手去操作自己当年极力反对的事情。而他一旦得回相位，也对于权力十分执着。

权力的争斗进入白热化，副相丁谓为了扳倒寇准，和刘娥结为政治同盟。丁谓这时候已经跟刘娥结了亲戚，丁谓的儿子，娶了刘

美的大舅子钱惟演的女儿，这种拐弯的亲戚，更使这种同盟多了一重保障。

而这时候，寇准通过宦官周怀政独自见了真宗，并说动真宗同意由太子监国，寇准辅政。真宗糊里糊涂地答应了，而寇准回去之后，叫翰林学士杨亿起草诏书，杨亿知道这是件机密的事，立刻闭门去起草诏书。寇准本人却一高兴喝多了老酒，把整件事都说出来了，而且很快就传到了丁谓的耳中。丁谓立刻进宫，面见真宗。

看来寇准的确不适应执政，"君不密而失国，臣不密而失身"，身为政治人物说话做事这么轻率而不顾后果，的确是危险，难怪他第一次败于王钦若之手，第二次又败于丁谓之手，就是败在这"狂傲轻率"四个字上。

真宗大怒，他昨晚只是点点头表示这事儿可以考虑，寇准转眼就付诸实施而且嚷到满世界皆知了。而且刘娥也适时更进一步提醒他，太子今年才九岁，能有实质的监国能力吗？寇准这样做实是架空皇帝自己夺权。真宗对寇准的好权和轻率深为失望，立刻下旨将他罢相。

事情并没有完，宦官周怀政见寇准被贬，生怕因此连累自己，竟然狗急跳墙，想要发动政变囚禁刘娥，杀死丁谓，逼真宗退位太子登基，并由寇准执政。不料政变失败，寇准牵连其事，被贬出京城。丁谓此时已经和寇准撕破脸皮，最好的朋友往往会成为最大的敌人，丁谓大权在手，将寇准一贬再贬，直流放到大陆最南端的雷州去。

此事不久之后，真宗去世，临死前下诏："军国大事由皇后处分。"亦即是将整个军国大权，全部交托到他这一生所最信任的妻子手中。

刘娥和真宗四十年的夫妻，一旦阴阳相隔，她立刻要面对最险恶的政治斗争。宰相丁谓这时候独揽大权，他虽然在对付寇准的时候和刘娥结为政治同盟，但是这种同盟也随着环境的变化而变化了。

孤儿寡母，太后掌国，在宋朝官员的眼中看来，实在是很可轻视的事情，太祖赵匡胤就是从后周柴世宗的孤儿寡妇手中夺了江山，太宗赵光义也是从太祖的孤儿寡妇手中夺了帝位。所以丁谓压根儿没把太后刘娥放在眼中，独揽大权。他动手在真宗的遗诏上把"军国大事由皇后处分"改为"军国大事由皇后权处分"，把实际授权改成暂时授权。这边否决副相王曾提出的"仿照东汉太后称制之例"，而提出"太后在内宫批阅，遇军国大事再召群臣，宫内传话"等，勾结宦官雷允恭企图架空刘娥。

然而他却看错了刘娥，刘娥不动声色，在完成了真宗去世，仁宗登基，自己垂帘的全部传位过程后，忽然借着一件事由，将丁谓一网打尽。原来这个时候，雷允恭临修皇陵，因为听信司天监的话，擅自将皇陵位置移动，不料工程进行到一半，冒出地下水来。雷允恭虽然擅作主张，但是用心也不坏，他是为了那处地穴有广宜子孙之相，而真宗子嗣不旺，以为可以讨好皇家。而此事与丁谓也无关，他虽然名为山陵使，但这事儿雷允恭擅自做主，他也不清楚。

但是刘娥要的是理由，而非解释，副相王曾在这里出了一把大力，他指证丁谓的所为是"包藏祸心，其心可诛"。这样的逆案足可以将丁谓收网，于是雷允恭被处死，丁谓被流放崖州，即今天海南

172

岛，恰好比丁谓流放寇准的雷州更远一些，让丁谓可以先经过寇准所在的雷州。

刘娥在真宗死去四个月之后，就把所有权力收归到自己的手中。她任用丁谓这样的人，收拾掉自己的反对派，然后再除去丁谓，不但洗净双手，大权在握，还收服了人心。第二年，她就下旨提升寇准，但是寇准却已经病入膏肓，接旨后来不及上路，就去世了。

刘娥执掌朝政之后，改元天圣，天圣者，二人为圣，即是太后和皇帝同时临朝执政。但当时仁宗才不过十来岁，大宋王朝真正的统治者，只有刘娥一人。同时，大臣们针对刘娥的执政推出一套完整的太后垂帘制度，这个制度保证了刘娥执政的合法性，也使得太后执政成为宋朝的惯例，此后差不多每一代都有个垂帘的皇太后出来，而后世要掌权的太后，也是拿刘娥在位时的这套礼制作为根据。

刘娥执政，开始废除真宗晚年的种种弊端，而大兴新政。首先将天书和真宗一起葬入皇陵，终结了十多年的天书怪政。然后是人事，历朝历代朝臣们相互勾结营私舞弊的情况从来不绝，将自己的七亲八戚塞满朝堂，不但有才之士不得晋升，且私党横行，皇帝不易操纵朝纲。刘娥借用真宗去世，封赏各官员亲属的名义，把朝中各官员的亲戚名单拿到手，挑了少数推恩赏赐掩人耳目，从此之后，这一幅百官亲属图，留在刘娥的内殿之中，杜绝了官员中这一弊端。

真宗晚期，因为崇信神仙祥瑞之术，宠信被王曾称为"五鬼"的王钦若、丁谓、林特、陈彭年、刘承珪等五人。但是刘娥掌权之后，将这五人罢斥，而任用以王曾、吕夷简、鲁宗道、张知白这四人为首的名臣，推行新政。

真宗后期，虽然开河通渠，奖励农桑，朝廷的收入大大增加，但是由于后期天书封禅，采丹献芝，营造官观祭天等，开支庞大，最后几年的收入基本抵减支出，所剩无几。更有王钦若、丁谓等兴起的采丹砂采灵芝等，令工役入深山，枉送了不少人性命。

刘娥从小出身贫寒，从蜀中流浪到京城，深知下层人的疾苦，也经历了王小波、李顺起义，知道如果不安抚百姓，就无法政权永固。因此在她亲政后，即下令兴利除弊。先是停止天下官观营造，罢江宁府溧水县的采丹砂之役，罢彭州九陇县的采金砂之役，罢免各地采灵芝之役，下诏禁止各地进献术士道官，禁止各地毁钱铸钟，再将各种斋醮道场的诸种繁文缛节花费减少。此外，大赦天下，减轻税负，平准京东西、河北、淮南等地的谷价，复开永丰渠以通盐运，设益州交子务，正式将纸币交子作为官方流通物等。

这边减轻税负，这边节约开支，经营了几年，国库之中，才渐渐丰盈了些，刘娥的威望也一日重于一日。但是随着刘娥的权势日益稳固和小皇帝的渐渐长大，朝中的大臣们也开始发生了分歧。

一种是以保守派的臣子们为首，如林献可、范雍等，上书要求太后还政，刘娥将之视为对她权力的挑衅，将上书还政的臣子们，不是下放就是流放。如此一来，就产生了一种相反的人群，于是有一个叫方仲弓的上书，请她仿照武则天的前例，为刘氏先祖立七庙；另一个是开封府程琳，向她进献了《武后临朝图》。

说得多了，刘娥不免有所心动，于是在朝堂上问大家："武则天

是一个怎么样的人？"参知政事鲁宗道看出她的心思，断然说："唐之罪人。"面对着朝臣们的态度，刘娥不得不做退让，将《武后临朝图》当场扔在地上说："我不作此负祖宗之事。"

然而若是深知刘娥性格的人，应该知道刘娥这样的表态，并不是一种死心，而只是一种退让的策略而已。从刘娥的人生经历来看，她是一种比较追求完美型的人格，她的性格刚强之处不下于武则天，但韧性则更强。如果眼前的形势不利，以武则天的性格，则会遇神诛神遇鬼杀鬼，但是刘娥则会稍作退让，以一种迂回的手段来达到目的，她更喜欢水到渠成，万众拥戴式的结局。

她的人生一路受挫，而她总是能够最终达到目的。刚开始她只想作为一个藩王的宠姿，不料却被太宗逐出府门。她蛰伏，一步步推动真宗去夺取皇位，终于得偿所愿，可以和自己喜欢的人在一起了。然而真宗继位之后，想要立刻封她为贵妃，不料宰相李沆拒绝，她并不气馁，而是从最底层的美人之位一步步做起，终于等到她封妃子的时候，李沆已经不再是宰相了。当郭后死后，群臣反对立她为皇后，她上了辞表，消除了群臣的戒心。而她却不曾闲着，她不但利用"借腹生子"的办法，堵住了群臣的嘴，也利用"调虎离山"的办法，趁曾经反对她做皇后的宰相王旦、寇准都不在其位时登上皇后之位。

所谓把握时代脉搏的强者，就是能够顺利地利用时代的起伏而取得机会的人。宋代与唐代不同，唐代相权较大，往往用对或者用错一个宰相会直接影响到时代的强弱，如唐玄宗得姚崇、宋璟而大治，用李林甫、杨国忠而大乱。在宋代为了削弱宰相的权力，往往经常变换宰相，也因此使政治斗争极为复杂。寇准为了扩大权势，把自己卷入了宦官周怀政的阴谋之中，使得真宗最后只能托政刘娥；宰相丁谓出于排挤寇准的目的而借助刘娥之力；继任的宰相王曾为了达到除掉丁谓的目的，以提高太后的权力而对抗丁谓；枢密使曹利用为了与王曾对抗，又间接要利用刘娥的力量。尽管这些人或忠或奸，但都从未曾想到过会制造出一个女主临朝的时代来，而且都在自己执政之后，想尽办法独揽朝纲，处处意图限制刘娥的权力。然而他们在各自的争斗中为了达到打倒对手的目的，却又都或多或少地和刘娥合作，或者促使刘娥的权力进一步扩大。而这些宰相，都在不同的阶段，不自觉地成为刘娥权力扩大的跳板，直到最后刘娥挟垂帘听政的名义君临天下时，丁谓流放、王曾被贬、曹利用自杀，此时朝堂上下，已经无人可以对抗刘娥了。

刘娥虽然专权独断，却有很好的人际关系。她在政策上兴利除弊，得到百姓拥戴；在朝堂上，一开始反对她的大臣很多，都是属于保守派的臣子，甚至有一部分还属于清流，只是出于不愿意后宫干政、女主掌权，以她出身寒微、不是名门为理由反对她，但是她借用王钦若、丁谓等人之手先对付反对者，再清除掉那些声名狼藉的臣子，再降恩于受贬的臣子，又大力挖掘新人，从而使得整个朝堂控制在她的手中良性运作。甚至在后宫也是如此，她身为得宠的妃子，和皇后郭氏安然相处，李氏为她生儿子，杨淑妃为她养儿子，成全她身登皇后宝座，成全她专心侍候真宗，辅佐朝政。她和真宗赵恒的夫妻关系，一直亲密了四十年，她和小皇帝赵祯，也一直母子深情得很。

在这种情况下，刘娥实不必像吕雉、武则天那样，大开杀戒。但是她的野心，同样是存在的。在她当众扔下《武后临朝图》的时候，并不代表她从此放弃这个念头。天圣七年，刘娥借仁宗旨意颁布诏书，将太后生辰"长宁节"的礼仪升级到与皇帝生辰"乾元节"相同的程度，并且由天子上率群臣拜寿。同年，她发布《天圣令》，借律法加强自己一言九鼎的威望，自此宋代形成律法的开端，《天圣令》在宋代历史上的作用，如同唐太宗发布《贞观令》在唐代的作用。

之后，刘娥又下旨重修晋祠，等晋祠一完工大家一看，晋祠原来供奉的唐叔虞像进了角落里，正中大殿却是以刘娥本人为原型的圣母殿。明眼人一看就知，是仿唐武则天兴修卢舍那大佛一样，为自己修建神佛的人间化身，而为将来的称帝作好民间舆论。而晋祠所在的太原，正是刘娥名义上的父亲刘通的祖籍，亦可称为是"龙兴之地"。刘娥并为刘通及祖上七代封王封公，大兴陵墓如皇陵。

但是刘娥吃亏在母族一直很薄弱，她虽然身为至尊，但仍然不能掩盖她出身的寒微。她名义上唯一的亲人，就是带她上京的义兄刘美。刘美为人忠厚，虽然在真宋朝地位步步高升，但是却没有因此招来不好的评论，刘美活着的时候，曾经受刘娥之托去蜀中寻找她的亲人，但是始终没有找到任何真正意义上的亲人。虽然在寻找过程中冒出许多所谓的"刘氏族人"，大约也是同乡同村的一些同姓罢了，反正对于这些人，刘娥兴趣缺乏，既没有给他们任何一个人封官，也没有让任何一个人上京沾光。由此也可见，所谓的太原人祖父刘延庆、父亲刘通，更像是一种掩盖身份寒微的假象，因为刘娥从来也没有在太原找过亲人，而只在蜀中寻找。

　　但是就连这唯一的假哥哥刘美一家，也显得太薄弱了。刘美死于真宗去世的前一年，一生忠厚小心的刘美，在临死之前，将自己已经成人的两个儿女都许配给蜀中的普通富商之家，而不曾攀亲官宦之家。刘娥只得用力栽培刘美的长子刘从德，可惜刘从德却在这个关键时刻，才二十四岁就病死了，剩下年仅八岁的刘从广，实在派不上大用场。

　　当然办法是人想的，连不是姓刘的龚美也能变成她的亲哥哥刘美，要找几个愿意做皇太后娘家人的刘姓之人还不容易吗？刘娥看中了当时任龙图阁直学士的刘烨，他是真正的名门出身，族谱不但齐全而且家世显赫，整整十二代祖宗都是出仕为官的。刘娥立即召见刘烨，说要借族谱一观，是否有可能是亲族。当时刘娥建七庙立生祠弄得沸沸扬扬，明眼人都能看出来太后是很有心想效法武则天的。但是历代掌权的太后族人下场都不太美妙，若是普通人能够高攀皇家自然巴不得，但是刘烨本身已经家族显贵，他可不想为这一时的更上一层楼招来后祸无穷，闻听太后主动攀亲，吓得魂飞魄散，干脆直接晕倒，回到家里就上书请求下放出京。刘娥无可奈何，只得放过了他，将刘美的舅兄钱惟演一族大力提拔，并和皇室结亲。

　　天圣九年，大内发生火灾，崇德、长春、滋福、会庆、崇徽、天和、承明、延庆等八大殿虽然只是小部分殃及受损，但是刘娥却借此为由，在宫殿修复之后，将这些重要大殿的名字全部改掉，其中常朝大殿长春殿，也改成和唐武则天常朝大殿相同的殿名紫宸殿，并顺势

将大内大部分重要的宫殿名和朝门名字统统改掉。大量改换宫殿之名很容易被视为将要改朝换代的前兆，这种举动令人大吃一惊，更叫人吃一惊的还在后头，刘娥下令要身着皇帝的冠冕去祭太庙。

尽管参知政事薛奎等人极力反对，但是一切还是都按照刘娥的意思进行了。

在此之前，仁宗的生母李氏因病去世了，刘娥在她临死前，册封其为宸妃。

明道二年（1033年）二月，刘娥如愿地穿着天子衮龙袍、头戴仪天冠，只是象征性地减掉了两三样装饰品，仍然以帝王的姿态步入太庙，行祭天初献之礼，皇太妃杨氏为亚献、仁宗皇后郭氏为终献者。仪式结束后，刘娥接受了群臣给自己上的尊号："应天齐圣显功崇德慈仁保寿皇太后"。这个冗长无比的尊号，亦是只有天子才能领受的。

但是就在太庙回来的路上，刘娥受了风寒，一病不起，次年就猝然去世了。临死前，她仍不放手权力，留下遗言让太妃杨氏继她为皇太后，继续临朝听政。杨太妃这个一辈子对刘娥忠心耿耿的后宫女子，虽然继位为太后，但她既没有刘娥的才干也没有刘娥的胆量，只得在群臣的反对下主动请辞。

刘娥之死，令得她的养子仁宗大为悲伤，数日痛哭不能上朝，这时候八王爷赵元俨闯入宫中。注意这位八王爷，并非民间传说中的赵德芳，因为赵德芳早在宋太宗太平兴国六年就去世了，这位赵元俨是太宗赵光义的第八个儿子，也是这时候仁宗活上世上的唯一叔伯辈亲人。赵元俨曾在真宗死后逗留宫中不走，企图重续"兄终弟及"的神话，但终于斗不过刘娥，数年来闭门不出。此时赵元俨进宫对仁宗说，刘娥并非仁宗生母。这个时候，仁宗才明白自己的身世，并因赵元俨的话对生母的死因产生怀疑，但在对自己的生母李宸妃开棺验尸之后，发现李宸妃尸体并未下葬，而是用水银保存完好，而且身穿皇后的服饰面目如生——一向追求完美的刘娥，早在宰相吕夷简的建议下，对自己的身后事作了完美的处理。仁宗跪倒刘娥灵前，叹"人言可畏"，自己险些错怪了养母。

刘娥死后，被她控制了十几年的仁宗才第一次可以单独召见朝臣。刘娥临死前，仍然身穿皇帝的龙袍，因此如何处理这件事，成了刚亲政的仁宗和群臣的大问题，因为连女皇帝武则天死的时候，也只是穿太后凤袍下葬的。

于是有了如下这一段对话——赵祯在皇仪殿号啕大哭问群臣："太后临终前已经口不能言，却几次扯动身上的衣服，似乎有什么话要交待，不知道她究竟有什么心愿未了？"曾经大力反对刘娥身穿龙袍的参知政事薛奎立即会意，说："太后必是不愿穿着天子冠服入葬，免得于地下难见先帝。"于是此事顺理成章，仁宗体贴太后的心意，为其换上凤袍而下葬。但是对于刘娥的定位，宋人仍是有定论的。仁宗下旨，仿武则天"则天大圣"皇后的四字谥号，为刘娥拟四字谥号"章献明肃"皇后，在此之前，皇太后都是两字谥号，唯从刘娥开始，垂帘称制的太后和武则天一样为四字谥号。

在刘娥死后，翻案风起，纷纷有人上书非议刘娥，仁宗遂以"不

忍听此言"为由，下令任何人不得非议刘娥执政时的对错。虽然刘娥并非仁宗生母，但是仁宗在知道身世之后，仍然处处表示对刘娥的追思和尊敬，这对母子的感情，着实不错。

女皇武则天活了八十一岁，她在称帝之前已经正式执政三十年，但是刘娥才活了六十五年，在真宗死后第十二年就因病去世了。冥冥之中似有命运之手在安排，谁能想得到，她会在身穿龙袍之后就因病而猝然去世。

历来史家一直有一个疑云，那就是刘娥究竟有没有称帝之心。她当众扔掉了《武后临朝图》，但她又积极地改殿名、穿龙袍、立生祠、祭太庙，做这些武则天称帝之前的必经之事，中国历史上，除了她和武则天之外，没有其他掌权的太后敢这么做。

中国历史上有没有可能出现第二个女皇？如果刘娥能够像武则天那样活到八十一岁，甚至不需要那么长，她只要再活上十年，或者五年，那么一切都会有一个答案了。

她是除了武则天之外，另一个穿上龙袍的女人，中国历史上，仅此两个女人。

| 汉女入胡 |

西夏毅宗皇后梁氏（附小梁氏）

1061年，即宋仁宗嘉祐六年，西夏毅宗奲都五年，西夏的第二个皇帝谅祚在一场血腥政变之后，迎娶了他的第二个皇后梁氏。

梁太后的一生，充满了血腥和杀戮。为了权力，她可以数典忘祖；为了权力，她可以毫无夫妻之情、母子之情、家族亲情；为了权力，她可以拿整个国家的命运为赌注，敢冒天下之大不韪，频频挑衅强国，发动战争——她为权力而疯狂，最终又死于权力。

梁氏的前夫，是皇帝谅祚的表兄。她的公公是皇帝的舅舅没藏讹庞，她是前皇后没藏氏的嫂嫂。在不久之前发动的政变中，梁氏和情人谅祚联手，让梁氏的前夫一家子都死于谅祚之手。

整个政变的前因后果，要从谅祚的母亲没藏太后说起。没藏太后本是天都王野利遇乞的妻子，野利家族在西夏开国皇帝元昊时期曾经鼎盛一时，皇后野利氏就是出自这一家族。而野利氏声势过大，招来元昊的疑心，以致野利遇乞被杀，而没藏氏却成了元昊的情人，并生下私生子谅祚。

元昊晚年多疑好色，除了没藏氏外，又将太子宁令哥即将过门的妻子没移氏收为宠妃，并变本加厉，将野利氏废去皇后之位。没藏氏的弟弟没藏讹庞野心勃勃，为了夺位，挑唆野利氏母子谋杀元昊，太子宁令哥去行刺元昊未遂，没藏讹庞乘机杀了宁令哥母子。元昊因被削去鼻子，伤重不治而死，渔翁得利的没藏氏兄妹掌握了西夏的国政，才两岁的谅祚登上了皇位。

没藏氏从尼庵中出来，直接坐上太后的宝座，但是没藏太后性格一如元昊，刚强而好色。谅祚刚继位，辽国兴宗趁元昊去世之际，大

举入侵，欲令西夏立国一世而斩，辽夏实力不等，西夏节节败退，却在最关键的一次大战上得胜，从此西夏得以传国。没藏太后自以为得此大功，也如元昊一般大兴内宠，又甚为喜新厌旧，在掌权了八年之后，幸臣旧爱李守贵与新宠宝保吃多争宠，没藏太后被卷入其中遇刺而死。历代太后之中，死于两个男宠的争风吃醋中，没藏太后可真是独一份。

我不知道没藏太后的一生，是否对梁氏产生影响，但是从后来梁氏所走的路来看，她的行为多多少少有些向婆母致敬的感觉。

没藏太后死后，没藏讹庞以舅舅的身份摄政，又将自己的女儿嫁给谅诈为皇后。没藏讹庞在西夏飞扬跋扈，与渐渐长大的皇帝谅祚之间展开权力之争，矛盾越来越大。而这种矛盾，最后又由梁氏这个导火索彻底引爆。

梁氏家族是已经党项化了的汉人大族，能够嫁入权倾一时的国舅家，自然是欣喜高攀。然而，一向心高气傲、野心勃勃的梁氏，在这一种欣喜之后不久，又感觉了一种不满足。

作为皇后的嫂嫂，梁氏得以频频入宫，帝王家的辉煌令梁氏血液沸腾，而太后没藏氏的故事，又令得梁氏神往不已，也同时在梁氏的心中打开了另一扇门。

出身名门世家的女子，不必自身努力，先天就可以大富大贵，但是笑到最后的，却未必是她们。也许，机会和努力，能够造就另一种女人，她们不甘平庸，她们在暗暗潜伏着，静待时机，拼力搏杀去夺取由于出身低微而失去的机会。

梁氏借着看望小姑子的机会经常出入宫中，和皇帝谅祚也见面日多。一来二去，梁氏和谅祚发生了姐弟恋。

无以得知，在后宫如云的佳丽中，谅祚为什么会在皇后没藏氏的眼皮底下，冒着得罪舅舅没藏讹庞的危险，和表嫂偷情。

也许是因为梁氏性格刚强，举止又妩媚妖娆，可能是某些地方酷似已经去世的没藏太后，令从小丧母的谅祚产生了移爱倾向。

也许是对舅舅没藏讹庞和皇后表妹的长期不满，在他们的眼皮子底下做出背叛的行为来，更令人感到快意。

也许是因为孤独，在长期高压下需要倾诉，也许是因为两个人都有共同的不甘心和权力欲。

总之，他们相爱了，并结为政治同盟。

对于梁氏来说，这是一件拿生命做赌注的事情，事情一旦泄露，谅祚或可无事，但是第一个死的，肯定是她梁氏这个没有背景家世的小女子。

梁氏从小心高气傲，而梁氏家族以汉人身份，在党项人的国家生存艰难，纵然是豪门大族，也总是和国家权力差了那么一大截。刚开始，对于能够高攀上国舅没藏家族，梁氏也觉得十分荣幸，但是随着时间渐渐过去，也许是对丈夫的不满意，也许是日益开阔的视野和野心，也许是对少年天子的爱情在滋生，梁氏在感情的天平上，倾向于了皇帝谅祚。

偷情的惊惧，加上对没藏讹庞长年专权的不满，令得谅祚和没藏讹庞之间更是无法共处。刚开始在和没藏讹庞的争斗中，年幼的谅祚

总处下风。甚至于亲信被杀，也无可奈何。

当梁氏心中的天平完全倒向谅祚之后，频频将没藏讹庞父子的举动进宫告诉谅祚，早谋对策。

在史书上记载的是：这一天，梁氏忽然秘密进宫来告，说是两人的私情已被没藏讹庞发现，没藏讹庞和儿子暗中商议，打算杀死谅祚，另立新君。

这一段说明总让人觉得更像是一个借口，谅祚和梁氏竭力想表白他们是被迫动手，是没藏讹庞先起了杀心。但是从没藏讹庞角度来说，实无杀谅祚的必要，他是谅祚的舅舅和岳丈，凭着双重身份控制朝政，若是杀了谅祚另立新君，他哪来这么好的身份作借口继续控制朝政呢。若是与这个皇帝女婿不合，大可以囚禁皇帝，仍可以继续对外发号施令。若说起因在于没藏讹庞不忿皇帝跟儿媳私通，那么梁氏肯定是第一个被杀的人，梁氏更不可能知道没藏讹庞的计划，还能够行动自如地跑进宫去跟谅祚商量对策。

自然，真实情况到底如何，到如今只能是一种猜测了。

总之，谅祚与梁氏设下计谋，联络大将漫咩，借在密室中召见没藏讹庞的机会，一举将其擒杀，随后将没藏讹庞的儿子即梁氏的丈夫也一齐杀死，没藏家族整族诛灭，皇后没藏氏赐死。

而梁氏，踩着丈夫一系整个家族的人头，登上了皇后宝座。

梁氏入宫不久，就在同一年里以极快的速度生下了皇子秉常，此后秉常又被立为太子，母子尊荣，她所付出的杀夫的代价，终于换来足够的补偿。以秉常降生的速度来看，似乎更可以说明，梁氏要杀丈夫没藏一家的必要性和紧迫性了。

从那一刻开始，梁氏的一切与没藏这个姓氏彻底脱离了关系，她现在是西夏的皇后，自然，要关心的也是西夏的皇帝，西夏的国事。

西夏从建国之初，就在宋辽矛盾的夹缝中左右摇摆，借机不断扩张。谅祚继位之初，辽国趁元昊刚死，大举入侵，双方打了数十次大战，虽然辽无功而返，但两国关系却也在短期内无法修复。

谅祚的母亲没藏氏曾为尼姑，受其影响，谅祚也比较好佛，他的两个乳母又都是汉人，他也受汉化影响较深，从他不顾党项贵族反对，弃党项贵女而选一名汉女为皇后，可见一斑。

元昊晚年多征战，再加上宫廷内乱颇多，谅祚继位之初又和辽国连番大战，国内已经民穷财尽。势必要和宋朝交好，增进汉化，以恢复生产，推动经济。

谅祚继位，下了一系列对内对外的汉化措施。一是下令在国内停止使用蕃礼，全面改为汉礼；二是增官职，大量提拔汉人为官；三是参照宋朝制度，调整监军司，使地方军政分开，便于掌握；四是退出没藏讹庞兴兵所侵占地界，得以恢复和宋朝的榷场互市。

188

同时，谅祚又改回汉姓，仍用唐朝所赐的汉姓李姓。自唐代开始，拓跋氏一族一直沿用唐代皇帝的赐姓李姓，这是他们得以统治银夏四州的合法依据，因此以李姓为荣。到后来元昊的父亲德明向宋称臣，就用宋代皇帝赐姓，称赵德明。到元昊时，为了表示要独立开国，他弃汉家赐姓李、赵皆不用，而将自己的名字改为元昊，元即是拓跋皇姓，昊即为天。元昊称帝之后，自称青天子，改姓嵬名，并更

名为囊霄。嵬名即拓跋的党项译名，囊霄者，仍为青天之意。谅祚继位，仍以嵬名为姓，直至此时恢复唐朝赐姓，西夏皇室的姓氏历经几代人的波折，终于确定为姓李。

梁氏的婚后岁月，虽然无从可考，但是她以汉人之身，登上党项的皇后之位，儿子秉常又被封为太子，弟弟梁乙埋被封为家相。一时间家族腾飞，鸡犬升天，此时的她，应该也是心满意足了。

虽然她的丈夫谅祚政绩不错，但是严格地来说并不是一个好丈夫，史载"谅祚凶忍好淫，过酋豪大家辄乱其妇女，故臣下胥怨"。这是一个走到哪儿淫乱到哪儿的家伙，也许这不怪他，而是遗传因子作怪，因为谅祚的父亲元昊和母亲没藏氏都是留下好色之名的人，甚至连死，也都是死于情杀。

面对这样一个好色无厌的丈夫，不知道梁氏心里怎么想的，但也许一开始，她要嫁的就不是寻常的丈夫，她要嫁的，只是权势，只要她的皇后之位不倒，任何情况她都可以怡然受之。

但是从她后来一个劲儿地把丈夫在世时所推行的政策全部推翻的行为来看，她的内心，也不是不怨的。也许第一任丈夫，还有可能是喜欢她欣赏她的，可惜，她要的却不仅仅是一个男人的爱，她要得更多。

当初她既然舍弃了夫妻之情去追求权力，在得到权力之后，恐怕也不能抱怨缺少感情了。人总是要为他的得到，而付出代价。

1067年，在梁氏做了七年的皇后之后，她的丈夫西夏毅宗谅祚去世，据说是由于好色过度，以致弄坏了身体，死的时候才二十一岁。

谅祚好佛，只不过是表现在他的大兴佛寺和喜欢听人讲禅方面，至于佛家的清静无为，则对于他的好色个性没有丝毫的触动。

谅祚死后，年方七岁的太子秉常登基。二十多岁的梁氏升格为皇太后，代替儿子摄政，成为西夏王朝的执掌人。

梁太后长长地出了一口气，她终于盼到了这一天，这一天比她预料的来得早，然而对于已经做了七年深宫怨妇的她来说，也许已经等得太久了。不开心的日子，总是过得度日如年的。

梁太后一朝权在手，便大力培执私党外戚，以其弟梁乙埋为国相，并重用情夫罔萌讹等党项贵族，加强对朝政的控制。

然而梁太后执政，和没藏太后执政最大的不同是，她的压力不是来自国家外部，而来自国家内部。

她是一个汉人。

党项人的国家，怎能容一个汉人来发号施令，这使梁太后执政初始，就受到朝中上下来自各党项部族的压力。而在谅祚执政期间，大力推行汉化，不可避免地影响到许多党项贵族的利益，这一笔账，在当时的党项贵族眼中，自然是身为汉女的梁后影响所致了。更有甚者，在谅祚在世时最后一年，绥州守将嵬名山归降宋朝，西夏失去了绥州，这更是成为党项各族对谅祚一力推行汉化的一种罪名指责。

梁太后的汉人身份问题，成为她的原罪，也成为她执政的最大障碍。

为此，她必须要将自己洗白，要在人们心目中抹去"非我族类，其心必异"的印象；为此，她要全力消除自己身上任何有汉人可能的

嫌疑，要将自己表现得比党项人更像一个党项人。

政客的出身不能决定他会站在哪一方，政客的起家立场也不会决定他永远站在哪一方。为了讨好党项贵族，梁太后下令废她的丈夫谅祚实行的一切汉化措施，重新废除汉礼，恢复党项的蕃礼。

这一举动得到了党项部分贵族的好感，但也有人不愿意，就算是党项贵族，也分老派和新党，部分在汉化过程中得到利益的人，和她展开了利益争夺战。如此一来，政策反复，经济受损，党项豪族得以大肆掠财，却弄得民穷财尽，自然民怨沸腾。

开弓没有回头箭，为了转移国内经济下降的矛盾，梁太后索性走得更远，借口宋朝不许换回绥州和不许宋夏私市为名，撕毁谅祚所订立的宋夏和约，发动了数次对宋朝的战争。

唐末司空图七言绝句《河湟有感》中有"汉人学得胡儿语，却向城头骂汉人"之句，梁太后的平生所作所为，恰恰是如此。

对于梁太后而言，如果有可能，她愿意去换血把自己从头到尾换成党项人，她愿意向党项人积极地表示自己与祖国毫无关系，愿意发动对祖国的战争而换来党项人的利益。

但是或许，在内心深处，她更向往于血缘之国的繁荣华丽，茶叶丝绸，而她既然不可以抛下一切回到故国，那就发动一场战争让自己重新驾临这片土地。

在谅祚死去一年多以后，从1069年开始，短短几年间，梁太后对宋发动了数次战争，甚至于亲自率兵出征，点集西夏全部兵力，以企图得到当年元昊、辽国萧太后曾经获得过的辉煌战绩。

只可惜如今不同往日，梁太后既非元昊也非萧太后，她没有元昊的军事天才，也不像萧太后那样手底下战将如云、谋臣如雨，背后有一个大国做支撑。而宋朝在经历多年和西夏的交战之后，也已非昔日的应对失措，对于西夏以马匹为地利优势展开的地理战，宋朝则是以蚕食的办法，隔段时间，往前推进一段距离，修建城寨，驻兵把守，以一步步挪进来的方式对付西夏的快速伏击战。

宋夏交战，死伤无数，却是各有胜负，不分上下。梁太后内外交困，只得暂息兵戈，因为她的后方起火了。

儿子秉常已经长大了，开始谋求亲政。西边吐蕃借着宋夏交战，也在趁火打劫，准备抄其后路。

天底下帝王之家的母与子，权力之争总是免不了的，在梁太后和儿子秉常之间，更是如此。梁氏连败于宋朝，引起西夏国内贵族的不满，大家伙儿都很现实，你带我们出去打架，有肉吃就跟你走，没肉吃还害得白出工，就逼死你。

因此，梁太后大败之后，不得不出让部分权力。1076年，惠宗秉常开始亲政了。梁太后不得不退居幕后，由其弟梁乙埋出面做先锋角斗。

权力格局重新分配了，于是乎梁太后所代表的利益集团即后族和秉常所代表的利益集团即皇族之间，争斗更加激烈。

紧接着，秉常在皇族支持下又下令废蕃礼，行汉礼。梁太后和梁乙埋及后族一系的贵族群起反对，秉常很坚决地顶住了来自母亲和舅舅的压力，置之不理。秉常积极发动一系列政治变革，企图恢复父亲

谅祚时期所实行的汉礼和与宋朝和好的政策，停止对宋的战争。

当然，既然汉人梁太后不见得对故国有多少感情，党项人秉常更不见得对宋朝有多少感情，只不过既然与你争权了，就一定要坚持和你不一样的政治立场，这样才能够拉到一批反对你的人为我所用。

1081年，秉常接受汉将李清的建议和宋议和。李清是怎么建议的呢，他劝秉常把黄河以南之地归还宋朝，夏、宋以黄河为界，与宋议和。站在宋朝的立场，汉人的立场，如果这事儿成了，自然是一件大大的好事。

但是好事多磨，在秉常暗中派李清潜入宋朝议和的时候，李清半道上被人抓了。

抓他的是谁，自然是梁太后所派的人。梁太后得知此事顿时大怒，这个儿子不但想算计老妈还想出卖国家利益，留不得了。

梁太后发动政变，将秉常囚禁到离宫五里左右的兴州木砦。梁乙埋、罔萌讹等带领兵马，斩断河梁，使秉常不能与外界通消息。

几百年以后，慈禧太后也对光绪玩了这一手，将他囚禁在瀛台，也是斩断桥梁，断绝消息，看来大家的手法比较相似啊！

但秉常不是光绪，拥护他的人不比拥护梁太后的少，而且梁太后决策性错误给大家带来了经济损失，大家心里还没处找补呢，这样一来，就借着拥护秉常的名义，哗啦啦全国各大豪酋拥兵自重，和梁太后大开战。

一时间，西夏国内打得跟西瓜似的，稀巴烂啊！

皇帝被囚，保泰军统军禹藏花麻请求宋朝出兵讨伐梁氏，当时宋神宗在位，得知夏国政变，以为大好时机来了，于是召集兵马三十万，分兵五路进攻西夏。

刚开始打得很顺，西夏内乱，自己打自己还来不及呢，根本没想到外敌包抄上来了。宋军连着收复了各州府，各州守将都降了，兵马一口气打到灵州城，将灵州城团团包围住。

本来，大功就要告成了，可是——天底下永远有这种叫"可是"的时候，令人叹息！

宋神宗打西夏的决心是很够，一张口就是"不惜爵赏"，无限量金钱供应，只要把仗打好。可是你看他用的都是些什么人哦，全线主帅李宪是太监，河东兵主帅王中正，也是太监，另一路主帅高遵裕，好歹不是太监了，却是皇亲国戚，太后的娘家人。

这就跟弄个事关企业命运的并购案一样，不惜血本，一定要达成目的，可主持整个计划的是你老娘舅外加两个家务助理，而非专业经理人才，人家一定先送你到精神病院看看再说。怪不得叫神宗，这事上办得是有点神经啊！

整个五路军主帅，只有种谔是原来一直和西夏作战的老兵，可就种谔一个人不顶事啊。灵州城早已经被团团围住，老娘舅高遵裕大人却迟迟不到，命令倒是到了，让先头部队不要攻城，得等领导到了才能够开工，让领导来挖第一锹土，这样显得领导有面子啊！

得，没等到慢吞吞的高领导走到灵州城下，灵州城里打成一团的西夏两派醒了过来。

人生最大的权利是生存权啊，宋军这一打，倒成全了梁太后。本

来大家都不服她了，现在大难当前，大家只得团结一致，枪口对外。不对外不行啊，敌人都打到家门口了。

国内一旦有危机发生的时候，平时在外交上态度强硬的人都会大受欢迎，大家急需有个人站出来拍着胸膛说："大伙儿不要怕，我们绝对不能示弱，跟着我一起冲啊！"这时候人心惶惶之余，就不假思索地跟着这位奔去了。至于这位把大伙儿领上光明前途还是悬崖绝壁，就不得而知了。

而这个时候，梁太后站了出来，接管了全部权力，并下旨全城开诸葛亮会，献计献策。不得不说，梁太后跟其他皇族贵戚比起来，脑筋总是比别人活泛一点，性格也比别人更强悍一点，光是这两点，就足以PK掉绝大多数的对手了。

梁太后的智囊会议取得了成效，一个老将献计说，不须拒战，只要坚壁清野，纵敌深入，派轻兵抄敌军的后路，断绝粮运，宋军无食，不战自困。这老将一定是跟元昊打过仗的，元昊当年就老用这一招，西夏荒漠居多，他仗着地理熟、马跑得快，哪里都能够混上一顿吃的，但是宋军不熟地理，跑得不及他快，粮食供应不上，数次来攻，都这样败撤了。

当然，这是中期规划，目前最要紧的是如何解围城之困啊。结果又有人献计，关云长不是水淹七军吗，咱们来个黄河水，滚滚浪啊！

这个时候，那位总也不到的高遵裕终于赶到了，神气十足地下令开战，好像城里头关的都是一群猪，只等他老人家一声令下开宰。只是他错了，城里头是一群狼，一群饿狼。

当夜，黄河七级渠被扒开，宋军猝不及防之下，大部分被大水冲走，紧接着，粮草断绝，西夏兵乘机攻打，死伤惨重，溃不成军。

而另外的几路军队，也遭遇迷路、粮草供应不上等情况。宋神宗的兵分五路歼灭西夏的计划，终于宣告破灭。

这次大兴兵戈的结果，只是成全梁太后又一次牢牢地掌握了权力而已。而这一次的战争胜利，更让梁太后在西夏取得了令秉常此生再无法撼动的威望。

自然，宋军吃了这么一次亏，到嘴的肥肉没了，岂能甘心。宋神宗耿耿于怀，再度对西夏发动攻击，这次他没有直接一路杀过去，而是采取步步蚕食的方法，也就是"出寨进筑"这种手段。之前宋朝对西夏的征伐一直失利，就是因为地形不熟，劳师远征，容易陷入埋伏，救援不及。而这种以大兵团作战，一步步建立战争堡垒的手段，会让西夏的地理优势一步步失去，而逆转形势。

讲到对西夏的作战，真的要提一提种氏军，这个家族历代在与西夏的作战中成绩卓越，从最早的种世衡到种放兄弟再到种师道，代代都有大功。没藏太后的前夫野利遇乞，就是死于种世衡的离间计。而种谔则提出经营横山的建议，也就是从银州筑城开始，然后一步步在已经占领的西夏领土筑城，就能使"横山强兵、战马、山泽之利，尽归'中国'，其势居高，俯视兴、灵，可以直覆巢穴"。

所以从宋哲宗开始，在西夏沿边步步推进，一口气修了五十多个城砦，令得西夏方面的机动性步步丧失。宋神宗二度出手，这次不派老娘舅了，又派了一个看上去很厉害的给事中徐禧领兵。只可惜这位

嘴巴和文才都很厉害的徐禧，却又是个嘴炮，他想玩把大的，决定直接在夏、银、宥三州界修建一座大城，叫永乐城。这个地方"三面皆绝崖而无水泉"，种谔当场反对，但反对无效。

当然永乐城地势险要，如果修成，对西夏那是灭国之祸，所以西夏的疯狂可想而知。梁太后发兵三十万，倾国而来，徐禧完全无备，以七万人应战还举止失措，最终永乐城完蛋，宋军遭受元昊之后前所未有的损失。宋神宗两番大败，不再西征。

然而，宋军也不是吃素的，宋军连番入境大战，虽然没有取得预期效果，却也使得西夏丧土失地。更因为和宋断绝了关系，以前元昊、谅祚在时所得到的"岁赐"，以及两国互市交易，被全面停止。搁现代来说，这就叫做"经济制裁"。

对于西夏来说，倒是不怕打仗，西北人剽悍，打几场战死几个人根本不怕，但是经济制裁就受不了。要吃没吃要穿没穿的，再加上连年战争，将国库都耗干了，又没有捞到任何便宜，反而亏大了。梁太后虽然掌握了权力，但是对于民怨沸腾也是不能不去想办法摆平的。因此，梁太后频频和宋人接触，要求复交，宋对梁太后极度厌恶，表示除非皇帝秉常复位，否则不予和谈。

上有政策，下有对策，西夏既然全面控制在梁太后手中，以谁的名义发表公告，其实都是出于梁太后的操纵。梁太后也是个手段灵活的人，于是在宋军撤后，又拖了一年多，梁太后就放出儿子秉常，宣告皇帝复位，自己已经退居后宫，再以秉常的名义，重新向宋请和，称臣纳贡，要求解除经济制裁，要求返还被占国土。在无数外交手段以后，互市交易恢复了，但被占国土没有退回。但是，这场国内危机却让梁太后化解了。

虽然秉常名义上复位了，可是仍然只是一个傀儡而已，一切事情，仍由梁太后和梁乙埋一手遮天，发号施令。连他的皇后，也是梁乙埋硬把女儿塞进来的，将秉常的后宫之路也堵死了。

秉常的傀儡生涯，在极度忧愤和忍耐中煎熬着，但他没有失去希望，他想自己还年富力强，总比老太后要活得长。而西夏国内，支持他的力量，也始终没有全面退却，阳谋阴谋，此起彼伏。此后一连串的死亡讯息，让人感觉绝非正常。

1085年2月，国相梁乙埋死，梁太后令其子梁乙逋继为国相。同年十月，梁太后死去，结束了她长达十八年的干政生涯，谥号为"恭一章宪皇后"。次年七月，惠宗秉常亦死去。

如果说梁乙埋的去世可能是寿终正寝，那么紧接着梁太后的死和惠宗的死，则更让人猜疑这背后的权力争斗之激烈了，联想到后面惠宗皇后小梁氏的死，则更容易理解这其中的非正常死亡了。

梁太后虽然死去了，然而西夏梁氏的故事，却没有就此结束，人们在谈起梁太后的时候，通常还会提到她的侄女，惠宗秉常的皇后，小梁太后。

那是梁太后的一个复制品，不但继承了她的权力和野心，也继承了她的无情和疯狂。

所以，我们也把小梁太后的故事，附在这个故事后面，继续叙述梁氏家族的覆灭。

在惠宗秉常死去以后，他的儿子，三岁的乾顺继位为皇帝，自然一切事务，还是操纵在太后小梁氏和其兄梁乙逋的手中。

如果说梁太后和哥哥梁乙埋是操纵权力的好搭档的话，则下一任梁氏的组合，国相梁乙逋和其妹小梁太后的合作，从一开始就显得无法兼容。

梁乙逋估计自幼就视为家族继承人，他自以为已经继承老爹的政治遗产，又手握兵权，老太后又不在了，所以自然不必把未经世事的妹妹放在眼中。

但是小梁太后估计也是以姑母为榜样，也是不肯吃素的。而且，就秉常之死来说，估计是梁乙逋下手的可能性很大，这也加深了这一重矛盾。

于是为了争权，梁乙逋接二连三擅自发动对宋的战争。其实从元昊开始，对宋发动的战争都是一种骚扰战和讹诈战，即是在边境打打草谷，抢劫财物，占领几个城寨，然后借此向宋索取更多的财物来换取。宋朝不是没有想过一举平定这个边患，但是西夏人借着马快地险和宋军打游击战，实是难以消灭。对于宋来说，衡量一下用来防卫边境的军费及边民损失和付出的"岁赐"之间的成本划算与否，就可能得出结论。所谓的战争，只是两个国家之间的矛盾，用经济解决不了的时候，才会开始打仗的。能够用钱解决的麻烦，都不算是真正的麻烦。

不管梁太后当年，或者是梁乙逋现在，之所以这么积极地发动战争，也不过是想在谈判桌上多一些讨价还价的余地。

从1086年到1092年在小皇帝乾顺刚继位的六年内，梁乙逋以小皇帝的名义点集全国兵马，几乎年年都对宋朝边境发动骚扰抢劫战，而且颇有斩获。见哥哥的权力越来越大，小梁太后坐不住了，于是在梁乙逋一次战败之后，趁机抢过指挥权，在1092年7月点集全国兵马，亲自披甲上阵，率领十万大军，进入环州等诸州。

不过显然，梁太后在这次的疯狂赌注中没有赢，反而中了宋军的埋伏，夏军大败，梁太后本人也险被宋军活捉，这件事上，是否有梁乙逋从中扯后腿，也未可知。但小梁太后大败之余，却不得不把军事指挥权又交还梁乙逋的手中。但是小梁太后既有野心，又有狠心，岂肯甘心让人，这一次的被迫交权，更令她起了杀心。

两年以后，小梁太后勾结党项大族长嵬名氏、仁多氏等人，出其不意发动政变，将梁乙逋逮捕杀死，为了斩草除根，更将梁乙逋全家，即自己的娘家人全部杀死。

我们不禁叹息，权力是一种何等可怕的魔力，为了权力，梁太后可以杀夫、囚子，小梁太后可以杀兄，灭族，甚至六亲斩绝。戴上权力这只魔戒的同时，人也成为权力的奴隶，从此情断爱绝，一生疯狂，至死方休。

小梁太后虽然得了权力，却同样要面临哥哥留下的权力烂摊子。整个西夏已在两代梁氏兄妹挑起的战争下，丧地失权，百物凋零，民不聊生。宋朝已非元昊时代的宋朝，西夏与宋的战争每打一次失利一次。而宋对于西夏的反复无常，背信弃义，弃汉兴蕃等行为极为厌恶，根本不信任他们有议和诚意，所谓的"岁赐"、"互市"等经济

调和手段对西夏既然起不到收买作用，也就改为停止一切交易的经济制裁手段了。

当一个国家经济政治面临危机的时候，也正是百姓对国家严重缺乏信心的时候，人们更愿意听到当权者发出强势的声音，叫嚣着对外扩张的人往往更容易讨好百姓，小梁太后和西夏的百姓也是如此。西夏和宋朝的连年战争，已经进入恶性循环，本来企图通过战争得到巨大政治利益，不料讨不着便宜反而节节失利，越是失利她越不能罢手，仿佛犹如一个赌徒一样，在赌桌上一直将自己的赌注不停地押上，输得越多，越不甘心放弃，直到输光为止。

赌局对赌徒最大的吸引力，不是让她一直输，而是让她一直有赢有输。

小梁太后自梁乙逋死后，与宋数次战争，经常是几次小赢一大输，眼看儿子乾顺已经到了十五岁，即将可以亲政了，小梁太后孤注一掷，欲打一场大战得到永久军事控制权，于是悍然点集全西夏兵马四十万，几乎将西夏境内所有的男丁全部拉上战场，亲自领兵攻打宋军新建的要害城池平夏城。

小梁太后亲率大军四十万，声势浩大，连营百里，采用新式战车，围城十三日日夜无休地攻打。本以为此次可以一举成功，不料一夜西北大风狂起，吹折战车，宋军趁机攻打，小梁太后惨败而归。

小梁太后败退回国，这一次西夏百姓为追随他们王国统治者的疯狂战争付出了惨重的代价。四十万兵马折损大败，西夏境内家家俱有阵亡人，户户但听哭丧声。

小梁太后无以向国人交待，面临巨大的政治危机，为了推卸责任，就以辽国不肯发兵相助作为战败的借口。

小梁太后企图将自己推得干净，却惹怒了辽国。辽国这时候的皇帝是辽道宗耶律洪基，看过《天龙八部》的人会知道，就是小说中乔峰结交大哥的那一位。耶律洪基固然没有小说中这么英明强干，但是刚愎自用却肯定更有过之。大小梁太后数次攻宋，都向辽国请求派兵援助。辽国一向对西夏以老大哥自居，唆使着西夏攻宋，自己再助一臂之力，以便自己和宋朝在谈判桌上有更多讨价还价的余地。但只要价钱满意，也是随时可以出卖掉西夏利益，来讨好宋朝让自己获利的。

但是很显然，耶律洪基这次对小梁太后很不满意，小梁太后不听招呼，乱说乱叫，擅自行动。啃骨头了叫辽国帮忙，吃肉了把老大哥撇一边了。明知道此时辽不想和宋开战，自己擅自把事态扩大，造成既成事实，事情不可收拾了，逼着老大哥出手卷入战争，你老大哥还能真看着小弟被对手吞了，将来少一个与宋抗衡和讨价还价的筹码吗？

但是这次小梁太后玩大了，不但乱扣黑锅，而且很可能影响辽国将来在西夏的名声和影响，看着小梁太后在国内民怨沸腾，对于大国来说，一个不听招呼的属国首脑，如果连自己内部的政治资本都已经丧尽，自然再也没有留下去的必要了。

耶律洪基一合计，得，我再找个能沟通的合作者吧，这位已经烧坏脑子了。正好，小皇帝乾顺已经到了亲政年龄了，可是老太后把持

朝纲，权力根本没可能到得了他的手中。

虽然说乾顺和小梁太后是母子，但是乾顺和他身边的臣属眼看着先皇被囚禁而终，两代梁氏操持西夏多年，早就怀恨在心。耶律洪基派人假装签订和约，和乾顺暗中一接上头，双方各取所需，一拍即合。于是乎，月黑风高夜，杀人放火天，小梁太后的宫中忽然出现了不速之客。

一辈子大权在握，呼风唤雨的小梁太后万万没有想到，她这狂妄彪悍的一生，会以亲儿子和盟友共酿的一杯毒酒作了终结。

权力是什么，两代梁氏太后为它而疯狂，为它而毁灭。

善泳者，必溺于水。

清太宗孝庄皇后博尔济吉特氏

1625年，即明天启五年，一个蒙古少女在家人的护送下，来到了盛京，即今天的沈阳市，嫁给当时后金可汗努尔哈赤的第八个儿子皇太极为妾，这个少女，即是蒙古科尔沁贝勒塞桑的幼女，姓博尔济吉特，名布木布泰，她也被后世称为"孝庄太后"。

　　当时，在遥远的大明皇宫中，明朝皇帝朱由校正忙于在御花园里做业余爱好木工活，大太监魏忠贤把持朝政倒行逆施。谁也想不到，在远方举行的那场婚礼，对这座紫禁城意味着什么。

　　这场婚礼，新娘布木布泰十三岁，新郎皇太极三十四岁，她并不是他的妻子，他的正妻是布木布泰的姑姑哲哲。

　　十一年前，也是同样的场景，同样的经历，同样的婚礼，布木布泰的姑母哲哲也是同样从科尔沁来到盛京，嫁给当时还很年轻的皇太极。对于作为政治同盟的后金和蒙古科尔沁部落来说，联姻无疑是最好的手段，也许下一任后金的可汗，将会是科尔沁首领的外孙，血缘关系是最可靠的合约书。

　　然而，大妃哲哲在嫁给皇太极十一年以后，仍然没有办法生下一个儿子来，而此时皇太极早在娶哲哲之前，已经妻妾成群，儿女成行——继妃乌拉那拉氏生了长子豪格、次子洛格和长女，元妃钮祜禄氏生下第三子洛博会。然而这些儿子中，却没有一个是蒙古博尔济吉特氏的外孙。这两个部族的联盟关系只开花不结果，无疑是令人不安的。

　　生不出儿子来似乎不能怪哲哲，自哲哲嫁给皇太极后的十一年里，皇太极的生育纪录上也是一片空白，前三个儿子都是娶哲哲之前

出生的，似乎这十一年里，皇太极东征西讨，并没有让他的妻妾有怀孕的机会。

然而科尔沁草原却不是这么想，甚至这对于哲哲自己也成了一块心病，她害怕自己已经过了生育年龄了，她必须要为自己和科尔沁草原找上一位继承人。

此时努尔哈赤已近垂暮之年，四贝勒皇太极继位的呼声极高，而皇太极自己也在积极筹谋中，作为妻子的哲哲自然很清楚，甚至主动相助，拉上娘家蒙古科尔沁部落做支持。

在哲哲嫁给皇太极十一年后，在哲哲和其兄塞桑的策划下，焦急不已的科尔沁草原又送来了另一个博尔济吉特氏——塞桑的女儿布木布泰。

对此联姻之事着急的不只是科尔沁草原，努尔哈赤和皇太极在积极地开疆拓土，少不了蒙古科尔沁部的支持，后金对这次婚礼极为重视，给予的不是一个纳侧室的待遇。皇太极亲自去半道上相接，大汗努尔哈赤亲自率领着自己的诸妃和诸贝勒摆下仪仗，出城十里迎候。

小姑娘布木布泰给姑姑带来了吉祥，她嫁到盛京的第一年后，因这时候皇太极有较多的时间留在盛京，所以大福晋哲哲终于怀孕了，尽管生下来的只是一个女儿，惊喜不已的哲哲却因此恢复了信心。这时候后金的政权也在交接中，第二年，努尔哈赤去世，皇太极联合其他几个贝勒，逼迫大妃阿巴亥殉葬，自己登上汗位。

于是，生下一个儿子，成了摆在哲哲和布木布泰面前的紧迫事儿。然而世间事不如人意十常八九，越着急越不来，姑侄俩倒是一直有机会怀孕，可生出来的都是女儿。在布木布泰嫁给皇太极之后的九年时间里，哲哲生了三个女儿，布木布泰也生了三个女儿。

而这个时候，庶妃颜扎氏生下第四子叶布什，侧妃叶赫那拉氏生下第五子硕塞。皇太极已经是后金的可汗，他的疆土越来越大，后宫的女人也越来越多了，自然能够替他生儿育女的人也会更多。皇太极通常在灭了一个部族之后，会同时将对方的妃子收纳在自己后宫，眼看这个队伍很有渐渐扩大的趋势，哲哲的正宫之位也在摇摇欲坠中。

于是，焦急不已的科尔沁草原又送来了后备选手，布木布泰的哥哥吴克善为皇太极送来了蒙古博尔济吉特氏的第三个女人，布木布泰的姐姐海兰珠。

似乎博尔济吉特氏直系已经没有美女可送了，因为这一年海兰珠已经二十六岁了，还嫁过人。但是对于他们来说，这是最后一个可以争取的机会了，与其送一个年轻未嫁但魅力不够或血统太远的少女，不如送一个真正的美人过去。

非常奇异，皇太极也娶过科尔沁的女子，也曾经宠爱过她们，比如哲哲与布木布泰，但在他的心中，也只不过把对方看成是一个女人，跟他喜欢的其他女人差不多，不同的只是她们还带着家族背景而已。

但是海兰珠却不一样，这个有过婚姻经历的少妇柔媚无限，激起了皇太极前所未有的感情，他平生第一次投入了爱情。皇太极对海兰珠的宠爱超乎异常，仅仅一年，尚未生育的海兰珠的地位就远超过早来了九年的妹妹布木布泰，高居后宫次席之位，连正室哲哲的风头也

让她压得黯然失色。

海兰珠来得正是时候，第二年，蒙古末代大汗，察哈尔的林丹汗死在青海，继位的儿子额哲在后金的大军之下，不得不归降后金。皇太极接收了蒙古察哈尔部，同时接收了林丹汗的传国玉玺和林丹汗的许多妃子，后宫中顿时多了许多如花似玉的美女。

紧接着，1636年，皇太极宣布正式登基为帝，称"宽温仁圣皇帝"，将国号由后金改为大清，并改元崇德。并定下后宫"五宫制"，分别是：中宫为清宁宫皇后哲哲、东宫为关雎宫宸妃海兰珠、次东宫为麟趾宫贵妃娜木钟、西宫为衍庆宫淑妃巴特玛、次西宫为永福宫庄妃布木布泰。

五宫皆是清一色的蒙古博尔济吉特氏，其中中宫皇后哲哲，关雎宫宸妃海兰珠，永福宫庄妃布木布泰来自科尔沁博尔济吉特氏，麟趾宫贵妃娜木钟和衍庆宫淑妃巴特玛则是来自于阿霸垓博尔济吉特氏，是皇太极所接收的察哈尔林丹汗的妃子。

如果可以自己做主的话，布木布泰是绝对不愿意看到姐姐海兰珠的到来的，这意味着她成了姑姑哲哲的弃子。在皇太极的后宫，没有儿子的哲哲仍可安枕无忧，因为她是无可动摇的正宫皇后。而对于布木布泰则比较尴尬，皇太极的宠爱早已不再，眼看着后宫越来越多的美女出现，她似乎仍可以说她来自高贵的科尔沁，她还有皇后哲哲的撑腰庇护来自我保护。但是随着海兰珠的到来，连这一重身份也似乎无以为凭了——连哲哲都放弃她了。

后宫五宫的分封，更是显得她地位降低，宸妃海兰珠、贵妃娜木钟、淑妃巴特玛，一个个都比她晚来得多，甚至她还为皇太极生了三个女儿，她的地位却不如嫁过人的未曾为皇太极生育过孩子的这三个宠妃。显然若不是因为看在皇后哲哲和科尔沁草原的面子上，她连五宫主位都入不了。相形之下，二十四岁的布木布泰显得光彩黯淡。然而上帝给人关上了一扇门，也许就能够给人打开一面窗。

封妃之后的第二年，二十八岁的宸妃海兰珠终于怀孕了，这个消息令得皇太极欣喜若狂，他的儿子已经有七个了，可还是为了和自己心爱的女人共同孕育孩子而高兴。皇太极对海兰珠的感情已经不是帝王对妃子的感情了，而是爱情。海兰珠的封号中用了帝王才能够用的"宸"字，海兰珠住的叫关雎宫，来自《诗经》上的爱情诗"关关雎鸠，在河之洲，窈窕淑女，君子好逑"。虽然此时皇太极名义上的妻子是哲哲，但是很显然，皇太极以此举动来表明，海兰珠才是他真正情感意义的妻子。

海兰珠怀孕的消息，终于令皇后哲哲也不安起来。以皇太极对海兰珠的宠爱法，将来海兰珠若是一举得男，他是不是有可能废了她这个总也生不出儿子来的皇后，而立海兰珠为皇后呢？看来，这似乎是很有可能的一件事。

在皇太极的后宫生活了二十多年，深知皇太极个性也精于权术的皇后哲哲很快做出了决定，以她皇后和长辈的身份，不可能自己失了身份亲自去和海兰珠争宠，但是她可以利用失宠已久的另一个侄女布木布泰来牵制海兰珠的坐大。

这也许是哲哲的平衡之术，也许是布木布泰抓住了机会影响了哲

哲，总之，姑侄俩又重新坐到一起来，哲哲决定再次推出布木布泰，由她在海兰珠怀孕的时候侍寝皇太极。

对于皇太极来说已经审美疲劳的布木布泰比不得那些年轻美貌的新宠，想要十拿九稳而非只是一夜侥幸得子，而是借这一次机会重新翻身，实在不是一件容易的事，这非得过三关不可，不是一个人能够办到的。首先要皇后哲哲的帮助，其次要有正当宠的海兰珠的许可，其三还得皇太极本人愿意才行。

要从正专宠的海兰珠手中夺宠，非得有人出面说服海兰珠不可，而这个人自然当仁不让的就是皇后哲哲。海兰珠怀孕期间，势必不能继续霸占皇太极，而在这期间若有其他妃子怀孕了，海兰珠又不能一举得男，则大有可能被他人分去宠爱。眼前就有贵妃娜木钟和淑妃巴特玛在虎视眈眈，其他庶妃侧妃也都不是坐着吃干饭的，之前就在皇太极登基为皇帝之前，有两个后宫女人在皇太极偶然一幸的机会下生下了皇六子与皇七子。与其让别的女人得利，还不如由海兰珠安排同为一家人的妹妹布木布泰侍寝，不管两人谁怀孕，都是自己人，这话说动了海兰珠，她同意了。同时，这也是皇后哲哲的双保险措施，不管哪个侄女生下儿子，都算在她的名下，如果两个都一齐生男孩，正好可以左右牵制，她这个皇后位就安稳了。

机会垂青于有准备的人，在崇德二年七月，继宸妃海兰珠生下皇八子之后，崇德三年正月，庄妃布木布泰在长达十年的苦盼中也终于生下了皇九子福临。

两个儿子两重天，让人不由地诧异，同样是孩子的爹，做人怎么

可以偏心成这样。

皇八子降生，皇太极欣喜若狂，这孩子是他最心爱的女人所生的儿子，又是皇太极称帝后诞生的第一个儿子，算得上真正的皇帝长子。他的诞生，让皇太极宣布大赦天下，整个宫中内外盛京上下举国大狂欢，这个孩子出生的一切待遇视同嫡后所生太子，甚至于不顾群臣的骇异，宣布要立这个连名字还没有的孩子为皇太子。

这个他最心爱的孩子，皇太极甚至不愿意像他其他儿子那样轻率地取名，而是要召集饱学儒士，上合天象下合地理地去商议，这孩子将是他的太子，他正打算挥师中原，也许这个孩子甚至会成为整个中原的皇太子、皇帝，做成他和他父亲努尔哈赤梦想不到的事业。

皇太极对皇八子寄予了极大的梦想，然而，不知道是先天不足还是什么原因，皇八子自出生以来就一直体弱多病，才活了几个月就一病而亡。

皇九子福临降生的时间，恰在皇八子去世两天之后。他的老爹沉浸于心爱的皇八子去世的悲痛中，他的出生显得冷冷清清。

相较于皇八子出世时的普天同庆，福临的出世连最微小的庆祝都没有，皇八子刚死，谁敢找这不痛快去？

因为孩子降临在永福宫，皇太极只匆匆地为孩子起名福临，余下的就根本没心思管了。他儿子生得多了，除非是他心爱的女人生的，否则也没怎么往心里去。虽然这对福临很不公平，但奇怪的是，后来连福临自己，也继承了这份独对爱人的多情和对其他人的冷酷。

因为皇八子的夭折，令多情而脆弱的海兰珠经不起这一打击，思

子成疾，渐渐成病。

　　无论皇太极给予海兰珠再多的宠爱，再多的封号，再多的荣耀，也难以挽回海兰珠渐渐流逝的生命，在皇八子去世三年后，海兰珠终于香消玉殒。这时候皇太极正在攻打明军守卫下的锦州城，接到海兰珠垂危的消息，居然不顾战事正在吃紧，丢下整支军队五天之内昼夜兼程赶回盛京，却在赶到之际听到海兰珠刚刚去世一天的消息。皇太极杀人盈野血流成河眉头也不皱一下，面对爱人去世的消息居然崩溃到当众放声痛哭，完全不顾自己是皇帝之尊，哭得毫无形象，甚至于哭到休克，足足五六个小时醒不过来，吓得文武百官以为他哭死过去，乱成一团。

　　让人无法想象，皇太极这样一个争霸天下的人，竟然会在感情上如此深情，如此执着，甚至是真正的不爱江山爱美人。接下来的日子里，皇太极的举止一片混乱，他不停地对别人也对自己说："朕生为抚世安民，岂为一妇人哉！"越是这么说，他越是陷入此中难以自拔，他近乎病态地沉湎于对海兰珠的悲悼之中，为她举行国丧，因在她的丧期不够恭敬还处罚了两个亲王。

　　海兰珠的死，像是令皇太极完全失去了生气，他的身体也迅速垮了下来，海兰珠死去两年之后，皇太极猝死于皇后哲哲的宫中。

　　皇太极的死，引发了清王朝的又一次帝位之争，也将布木布泰推到了一个历史的关键转折点上。

　　对于从来没有被皇太极真正爱过的布木布泰来说，皇太极和海兰珠的感情令她难以理解，这样一个帝王，竟然会为一个女人疯狂，而

她只能做一个远远的旁观者。但是幸而，他给她留下了一个儿子。一个能够继承皇位的儿子。

皇太极死后，皇位的大热门人选是努尔哈赤的第十四子睿亲王多尔衮与皇太极的长子肃亲王豪格。这两人不但各拥势力，而且军功赫赫，但是又有致命的缺陷。两黄旗只肯拥立皇太极的儿子，而豪格又出身低微。于是多尔衮想了一个折中的主意，他可以拥立皇太极的儿子登位，但必须是出自五宫后妃的皇子。

皇太极的儿子虽然很多，但是满人一向"子以母贵"，继承人只能从五宫后妃的孩子中选择。豪格虽为皇太极的长子，但是他的生母乌拉那拉氏身份低微，尽管他战功显赫，甚至可以参与军机，但显然皇太极从来也没有把他当成继承人考虑过，这一点，恐怕所有的王公亲贵心里都很清楚。整个五宫后妃中，只有麟趾宫贵妃娜木钟生下了皇十一子博穆博果尔，时为两岁；永福宫庄妃布木布泰生下了皇九子福临，时为六岁。

虽然说贵妃娜木钟的位份在庄妃布木布泰之上，但是如果要把布木布泰背后的皇后哲哲也算上的话，结果自然不同。如果再算上哲哲背后的科尔沁草原的蒙古铁骑，那份量就更不一样了。娜木钟只是被皇太极所灭亡的察哈尔林丹汗的遗孀，背后的势力早已经荡然无存，博穆博果尔更是还在吃奶的时候。

皇后哲哲当年的双保险终于派上用场，在失去海兰珠的儿子后，她这一系还有布木布泰的儿子福临。哲哲执掌中宫数十年，早在努尔哈赤时代就为皇太极出谋划策，在王族在群臣中都很有威望，就连多

尔衮年幼失母，还由哲哲抚养过一段时间。哲哲说出来的话，多尔衮和豪格都轻易不敢驳她。

就这样，六岁的福临登上了帝位。嫡母哲哲被封为母后皇太后，生母布木布泰被奉为圣母皇太后，于次年改元顺治。

顺治一登基，好事儿接连往下掉。没过几个月，李自成打进北京城，崇祯吊死煤山，吴三桂冲冠一怒为红颜，打开山海关迎进辫子军。顺治元年四月，清兵入关，十月初一，福临入京，江山改为大清朝。

一切来得太快，快到大清国所有的人都一时转不过神来。怎么，竟然会这么快就成为中原之主了，太祖努尔哈赤、太宗皇太极一生浴血都仰望山海关而不得入，只能关外打转，怎么就一眨眼就已经坐在紫禁城金銮殿上了呢？

闹哄哄闹哄哄，人人都不知道了方向，但一醒过来，都开始打各自的小算盘了。

首先是摄政王多尔衮，当初他率先进了紫禁城，当时就有臣下劝他直接称帝，江山是他打的，制度是他订的，称帝也无可厚非。但是当时多尔衮有其他的想法，虽然说得了紫禁城，但是李自成、张献忠等势力还在，明朝宗室在南方又建立了小朝廷，如果这个时候他自己称帝，就势必要和还掌握着军权的豪格以及小皇帝顺治背后的蒙古铁骑翻脸。江山还未一统，现在就翻脸必是不明智。

直过了几年，李自成、张献忠势力也打完了，南明小朝廷也灭了，这时候多尔衮也没闲着，一直在逐步动手。刚开始和多尔衮一起

辅政的还有郑亲王济尔哈朗，等多尔衮进了北京城，如此大功，自然把济尔哈朗挤下马。然后，顺治三年开始收拾豪格，派他去打张献忠，等豪格PK完张献忠，手头的兵马也打得差不多了，一回京就让多尔衮安个罪名收拾了。

当然在这件事上，哲哲和布木布泰是乐见其成的，豪格这个屡立军功的哥哥，实在是小福临的一个潜在对手。

这个时候，多尔衮的地位也不断上升，从"皇叔摄政王"一直升到"皇父摄政王"，这就出来一个流言，即"孝庄下嫁多尔衮"。南明小朝廷的诗人张煌言，挥笔写下一首诗："上寿觞为合卺尊，慈宁宫里烂盈门。春宫昨进新仪注，大礼恭逢太后婚。"这首诗广为流传，让很多人相信它是真的，甚至后来人编派出无数有关多尔衮和布木布泰青梅竹马的绝世爱情，以及多尔衮为情让江山的故事，更有甚者连福临的老爹都在野史中改换成多尔衮了。

而事实上布木布泰有没有可能和多尔衮发生爱情甚至结婚呢？咱们还是从布木布泰来到盛京开始说起吧。这一年布木布泰十三岁，和多尔衮同岁。一个是四贝勒皇太极的妾室，一个是可汗努尔哈赤的爱子。当时皇太极在积极地谋夺汗位，和多尔衮的母亲阿巴亥势成水火。尽管两人年纪差不多，估计多尔衮也不会没事跑到皇太极的内帐去跟他的小妾培养青梅竹马。

次年，阿巴亥死了，多尔衮新逢丧母失位之痛，皇太极处处提防，而这段时间里，布木布泰开始怀孕，跟着就接二连三地为皇太极生女儿。此后，盛京新宫殿盖起，皇太极称帝，后妃们住进深宫内

216

院，多尔衮带着兵马南征北战，也没机会碰面。

直到皇太极去世，哲哲和布木布泰成为皇太后，才和多尔衮在皇权上产生了既相互利用又相互算计的关系。哲哲身为正宫皇后，又是长辈，她的面子不能驳；多尔衮是手握天下的摄政王，他的势力步步扩张也是不容阻拦。两人若是发生利益冲突，两个大佬在一起谁让谁呢？好在有布木布泰在两个大佬面前放低姿态，从中周旋。多尔衮有什么要求，由布木布泰转换成宛转的意思，她和哲哲可以关起门来商量之后有条件地让步。而哲哲和布木布泰要抑止多尔衮的手段，也是布木布泰以一个让多尔衮接受的方式来回复于他。

在这种接触之下，两个野心勃勃的人表面上要融洽和谐，暗中要步步算计，说话也得半真半假，此时若是产生什么暧昧之情，估计也是以算计居多。

但也只限于暧昧，我们从国内任何官方材料中，找不到太后下嫁的材料，若说是顺治或者后来的皇帝出于掩盖之心把材料给毁灭了，但是从朝鲜的李朝记录里，可以看到这个时期和清王朝频繁交往的记录，却也没有任何这方面的实录。

若是两人非官方地结婚，那我们再把时间往上推一下，辽朝的萧太后是曾经和韩德让非官方成婚过的。当时萧太后召集文武大臣到韩德让的帐中举行盛宴，让皇帝和诸亲王以父礼对待韩德让，并和韩德让同行同住，同进同出，甚至一齐并肩坐着接见外国使臣签订文书，让小皇帝坐在下首。

而多尔衮和布木布泰却毫无这方面的记录，多尔衮没有住在皇宫里，布木布泰也没有住进摄政王府。太后若是下嫁，自然不可能跟别的女人一起分享丈夫，据说萧太后就因此毒死了韩德让的妻子李氏，但是很明显，在顺治五年多尔衮在封为"皇父摄政王"之后，仍然频频地收纳新宠。顺治七年，多尔衮纳了朝鲜李朝的两位公主，又将侄子豪格的寡妻收入他的后宫。另外，见于史料的还有他收过布木布泰的哥哥吴克善亲王以及其他贵族向他进献的美女等。

仅仅以"皇父摄政王"中的皇父二字，来断定太后下嫁，则未免就是张煌言这样的文人想象力太过旺盛罢了。"皇父"之称，只是在名义上出于小皇帝对辅政之人的尊称，如同史不绝书的"仲父"、"亚父"、"季父"之类的称呼罢了。

何况，顺治五年多尔衮受封"皇父摄政王"的时候，多尔衮的原配妻子博尔济吉特氏仍活着，那是和布木布泰同时嫁过来的哲哲的另一个侄女，她到了顺治六年才去世。多尔衮的后宫中还有一个姓博尔济吉特氏的，就是贵妃娜木钟和林丹汗所生的女儿。布木布泰这边，正宫皇太后哲哲还活着，又怎么能够容许两人成亲？

那么，既然多尔衮和布木布泰传出这样的流言来，两人确定没有成亲，那么这两个人有爱情吗？

我们若是把多尔衮死后不到一个多月，就被剥夺所有的封号，甚至要被从坟墓中拉出来鞭尸示众的情况联想起来，就可知道布木布泰和多尔衮的情谊有多好了。假设她对他说类似"我想死你了"的情话，我估计其真实的意思就是"我好想你死了"。虽然鞭尸的行为挂在顺治的名下，但是此时顺治刚刚亲政，这时候作为皇太后的布木布

泰只怕拥有的发言权更大，鞭尸此种旨意，纵然不是出自她的授意，至少也是出自她的支持和默许。这种恨意连尸体都不放过，可以想象布木布泰此刻委曲求全的心有多么愤怒，纵有打情骂俏，只怕也是暗含杀机吧。

再看多尔衮，据史载，顺治六年"摄政王多尔衮的元妃去世。命令两白旗牛录、章京以上官员及官员的妻子都穿着白色丧服，其他六旗的牛录、章京以上官员都摘去红头缨"。为了元妃的死他大兴丧葬之礼，为了娶朝鲜妻子，他亲自跑去山海关迎亲，又纳豪格的妻子，若说什么他对孝庄情深义重，那这些行为又是为了什么呢？

所以两人之间真正的关系，只怕是笑里相迎暗藏着算计，咬牙切齿罢了。

另外传得轰轰烈烈的绯闻，还有一个庄妃劝降洪承畴的事儿。据野史上说，洪承畴被抓宁死不降，范文程说洪承畴好色，于是皇太极派庄妃以色相诱劝降。

首先，庄妃是蒙古人，嫁给满族人，又长年在后宫不得宠，想来皇太极不会为她请家教教汉语。直到清兵入关之后，我们还经常看到有记录说孝庄跟大臣们用满语交流。你要想想咱们学英语之难，就知道以庄妃的环境用汉语来劝降有多大可能。老洪是汉人，估计不会说满语，就算会说未降时也不屑说。两人语言不通，两句半汉语对两句半满语，能沟通出个什么呢？

再说，以皇太极的审美眼光看来，庄妃并不算是无可取代的大美人，否则他也不会把她扔到五宫排名最后一个。此时他手头刚刚接收

了林丹汗的N多女人正没处分配呢，好像还分了不少给自己的兄弟和儿子。此时庄妃刚刚生完福临不久，皇八子已死，福临是目前后五宫唯一的男孩，他能让孩子的妈去找老洪吗？若要真心招降洪某，干脆送他几个年轻漂亮的不更好，拿个他看得到吃不着的去引诱他，这不是招揽是结仇了，嘿嘿嘿！

洪承畴之降，原因一来是同为降臣的范文程将心比心式的说服；二来是因为崇祯杀了袁崇焕的心理阴影再加上皇太极的笼络；第三是他还贪生，范文程很肯定地说洪某连衣服掉灰尘都注意，他一定没打算以死报国。

事实上，洪承畴的归降与布木布泰无关，只不过是汉人气愤老洪投降清朝，再加上不忿满清入关，于是乎清朝的先帝头上就绿云罩顶，小皇帝便老子众多。降臣洪承畴、权臣多尔衮都纷纷成为艳情故事男主角，幸亏吴三桂已经分配到一个更多香艳传说的陈圆圆，否则说不定也会在这出艳情记里参演一角。

虽然两宫皇太后并尊，但只编派木布木泰，不编派哲哲，估计一来是哲哲年纪过大，不够资格作艳情小说女主角；二来哲哲不是皇帝的亲妈，编派起来隔一层；三来是因为哲哲去世得早的缘故。普罗大众的耳朵还没来得及听说到这一位皇太后的存在，就已经没什么可说了。

顺治六年，母后皇太后哲哲去世，她死后，被追谥为孝端文皇太后。对于哲哲的死，也许布木布泰是松了一口气的，这位姑姑操纵了她的前半生，她的婚姻、她的生育、她的行事做人。虽然此时她也做

了六年的皇太后，却是无时不处在哲哲的阴影之下，从未正式发号施令过一天。

然而，松了一口气，却悬起一颗心，最后一个可以节制多尔衮的人也去世了，再也无人能够控制多尔衮了。

此时的多尔衮身体也在走下坡路，唯其如此，他更不甘心就此放手，而在更积极地进行登上皇位的举动，他在自己的府中穿起龙袍，他频频调集自己所属的两白旗军队……

布木布泰奈何不了多尔衮，她所能想的办法就是尽量地拖住多尔衮称帝的步伐，为此不惜委曲求全，步步退让，然而仍然是没有足够有力的措施，来阻止多尔衮的称帝进程。

这时候命运之神似乎又站在布木布泰这一边了。就在多尔衮加紧称帝的时候，却于顺治七年十一月，出塞外打猎时突然发病身亡。

于是，顺治在做了七年皇帝之后终于可以亲政了，布木布泰在做了七年的皇太后之后终于可以当家做主了。

为了稳定多尔衮的旧部，多尔衮灵柩回京时，顺治亲率诸王大臣出城恭迎并颁布哀悼诏书，命令以皇帝的规格来安葬他，追封多尔衮为诚敬义皇帝，庙号成宗，升祔太庙。但是仅过了不到一个月，死去的多尔衮就被以谋反的罪名清算，削去爵位，撤出宗庙，开除宗室名分，没收家产，平毁陵墓，死后鞭尸。布木布泰母子俩，终于彻底出了压在心头长达七年之久的恶气。

直到一百多年以后，乾隆才彻底为多尔衮平反昭雪。他称赞多尔衮"抚定疆陲，一切创制规模皆所经画，寻即迎世祖车驾入都，定国开基，成一统之业，厥功最著"，并说多尔衮的冤案乃是"宵小奸谋，构成冤狱"，虽然把罪责推于臣下，但这"宵小奸谋"四字评价，叫这个案子的实际操作人布木布泰和福临若死后有知，不知道做何感想。

一切都结束了，然而一切都并未结束。人们往往以为解决了一个烦恼，结果却发现新的烦恼开始了。

对于皇太后布木布泰来说，也是如此，她的新烦恼来自儿子顺治皇帝。这个儿子，曾经给她带来无上的荣耀，因为有了这个儿子，她的身份从地到天；因为有了这个儿子，她从一个五宫排名最末的失宠妃子，而一跃成为万众瞩目的帝国皇太后。也同样是这个儿子，让她伤心、失望、烦恼无限。

她认为满蒙贵族是立国的根本，而顺治却更愿意大力推进汉化，提升汉人官员，打压满蒙贵族；她为儿子安排来自娘家科尔沁草原的侄女为皇后，而顺治却因这门婚姻是多尔衮在世时所订而一力反对到底，寻事生衅地废除皇后；更令布木布泰惊骇的是，顺治居然逼死亲弟弟博穆博果尔，娶了博穆博果尔的妻子董鄂氏为妃，还要变本加厉地封她为皇后。

222

董鄂妃，在民间演义里被指为冒辟疆之妾秦淮名妓董小宛，然而事实上，只是看到一个董字就望文生义了。而董鄂妃并不姓董，而是姓董鄂氏，她是大臣鄂硕的女儿，是一个不折不扣的满人，董鄂氏又被译成栋鄂妃。如果她被称之为栋鄂妃，则董小宛的传说就不会发生了。音译的错误，却以讹传讹变成了一段离奇的爱情传说。

也许痴情和命运也会遗传，顺治对董鄂妃的感情，一如皇太极对海兰珠，甚至于董鄂妃和海兰珠两位绝代佳人的命运也是如此相似。她们都曾经是再嫁之身，她们都集万千宠爱在一身，她们都生下过儿子，她们的儿子都活不过一岁，她们同样因丧子之痛而香消玉殒，而在她们死后，她们的皇帝丈夫也都因为思念而追随她们而去。

对于布木布泰来说，事情在完全失控中急转而下，而她却眼睁睁地看着，无能为力。曾经有人说："一个孩子的生命是母亲给的，然而灵魂却是他自己的。"顺治这一生都和母亲拧着干，这个孩子她寄望最深，却伤她最重。

十八年前是皇太极，十八年后是顺治，布木布泰这一生最重要的两个男人，都为别的女人而疯狂而死去，而她愤怒却无奈。

布木布泰这一生，性格始终不够强悍。同样是丈夫、情人、儿子、江山这四样东西，我们可以看一看数百年前的萧绰是如何享受着圆满的一切的。当然，总有人为她辩护说，这两人所处的时代不同，布木布泰所受到的环境限制太多。然而真正的强者，是可以操纵环境的人，而不是被环境所操纵，她可以开山辟水，遇神诛神遇鬼杀鬼。被环境所限的人，始终是强悍不足。

甚至可以放在同一个清代，三十岁从未掌政历事的慈禧太后，可以在执政之初，就轻易地杀掉三个顾命大臣，将摄政王奕䜣两废两立；而经历过皇太极、多尔衮、顺治三朝之后的孝庄，奈何不了摄政王多尔衮，奈何不了儿子顺治，甚至看着自己亲手提拔的顾命大臣鳌拜擅权乱政而动他不得，还要十五岁的小孙子康熙皇帝玄烨亲自动手去擒下鳌拜。

但这也真是由她的生长环境所决定的。萧绰出身尊贵，从小以后妃的标准培养，入宫即为皇后，操纵朝政，所以她的性格自信而强硬，她是太阳，她是月亮，她是宇宙的中心，丈夫、儿子、情人都要绕着她的心情而转。而孝庄从小生长于大草原，十三岁时就受制于姑姑哲哲，如果她的性格也是这样刚强、以自我为中心的话，那么她根本不能在那个环境中生存下去。

有人说政治家要具备"狠"和"忍"这两方面，而事实上往往是能狠者不能忍，善忍者不能狠。三国鼎立，刘备得其忍，曹操得其狠，孙权虽说狠忍都有，却是两头不靠岸。

布木布泰恐怕这一生都会为自己的不够强悍而遗憾，也因此在顺治死后，她挑选继位的皇子时，挑中的却是既不居长也不居贵的三皇子玄烨，或许也是看中了这个孩子的身上具有的她所不具备的胆量和当机立断的特质。果然，玄烨这一生，擒鳌拜、平三藩、定台湾，无一不是胆大而决断的行为，成就了不世之功业。

224

布木布泰虽不能狠，但善忍，她的忍、她的周旋、她的拖延之术，为玄烨的成长赢得了时间，而成就了大清朝。

然而，于布木布泰这一生，最最重要的是她的寿命。

周伯通给郭靖讲《九阴真经》的故事，黄裳苦心练就武功，哪知道他的敌人早已消逝在那个人人都躲不过的大限里了。

谁活得最久，谁就赢了。

谁笑到最后，谁笑得最好。

布木布泰一直活了七十五岁，在康熙二十六年才去世，她亲眼看到了康熙盛世的蒸蒸日上，她享受着孙子给她奉上的无限尊号，皇太极、多尔衮、顺治、康熙前期的功业归于她一身。然而，如果她的寿命同海兰珠、哲哲、董鄂妃、皇太极、多尔衮、顺治一样呢？那么她也早就淹没在历史的灰烬中了吧。这些人活着的时候，她没赢过他们，然而她只赢得了一样，就赢过了他们全部，那就是时间。

　　赢得时间，才是赢得永恒的胜利。

　　清太宗皇太极之庄妃，孝庄文皇太后博尔济吉特氏布木布泰，是含笑离开这个世界的，生荣死哀。

末世凤凰

清慈禧太后叶赫那拉氏

1900年8月4日，八国联军进攻北京城，当时执掌国政的皇太后慈禧带着光绪皇帝仓皇改装出逃，因为这一年是旧历庚子年，史称"庚子之变"。

回头看着渐渐消失在暮色中的紫禁城，慈禧太后叶赫那拉氏不禁在心中流下了苦泪，她做梦也没想到，自己竟然会有这么落魄的时候。

四十多年以来，她一直都以为命运之神是站在她这一边的，她可以掌控一切。而这一天，却成为她一生的转折点。

四十八年前，十七岁的叶赫那拉氏走进了紫禁城中。新帝咸丰登基，次年八旗选秀，那拉氏是幸运的，她父亲惠征刚于这一年任安徽宁池太广道台，五品官职正可以挨上选秀的官员品级，那拉氏这年十七岁，再过一年就超龄了。

她自信，她美丽，她善媚，一入宫就被封为兰贵人，她也是幸运的，虽然在咸丰如云的后宫中，她不是最美的，也不是最得宠的，然而她却是最得天独厚的，因为在众多后妃中，只有她为咸丰生下了一个儿子，独一无二的儿子。她很快就进位为懿妃、懿贵妃，在后宫的地位仅次于皇后。也同样，这个儿子使她的命运从芸芸后宫女子中脱颖而出，在咸丰死后，因母及子，被封为圣母皇太后，得以登上历史的舞台。

儿子是她的支点，让她可以撬动政治这个庞然大物。

她是能干的，咸丰死的时候留下一个风雨飘摇破碎不堪的半壁江山，另外半边由太平天国占据着，北京城里是英法联军进驻，紫禁城

被抢光，圆明园被烧光。咸丰仓皇逃到热河，一病而亡，留下六岁小儿和这个超级烂摊子。甚至这个超级烂摊子还轮不到她插手，上头一个慈安东佛爷，下头朝堂上以肃顺为首的顾命八大臣如八大金刚掌握了一切，外头还有一个曾经和咸丰抢江山失败的恭亲王奕䜣留在北京城办洋务，势力渐长。

这一年她二十七岁，从来没有上过朝堂，没有经历过政事，谁也没有把一个妃子放在眼里。然而她是有心计的，自从儿子出生以来，她就开始暗暗在准备了。江山是她儿子的，她所准备的一切迟早用得到。咸丰广纳新宠的时候，她闭门读书，留心政务。咸丰后期身体虚弱，外务交给肃顺，内头自己连批改奏折的力气也省了，懿贵妃借机露才，取得了偶尔代批奏折的工作。

咸丰只觉得很有趣，一个女人，伪装着男人那种严肃的神情去批改奏折，可她精心地修饰仪容，浑身飘着诱人的香气，又足以说明她是无限柔媚的女人。他将之视为另类的情爱游戏，于是懿贵妃开始批阅奏折了。不久他厌了，又恢复了同别的女人取乐，却已经习惯了懿贵妃代批，国事艰难如此，奏折上没有一件事是让他舒心的，他本能地想逃避眼前这一切，可这事儿他不能交给臣子，这是皇权，清宫里有规矩，不许太监弄政，前明就是这样毁了的。所以，一开始是游戏，后来成了惯性，惯性就成了恶例。

懿贵妃开始学着熟悉这种权力游戏，而且这很符合她好强而喜欢操纵他人的天性。她为咸丰的怠政而欣喜，但也微微不满，身为一国之君，怎么能够将这世人求之不得的一切丢开而去寻欢作乐呢？那时候她还是一个旁观者，很年轻气盛，但是咸丰和她是夫妻，连她自己也不知道，咸丰仍然影响了她，而这种不良影响直到她的晚年才渐渐显露出来。

所有的人都低估了这个后宫中的女人，肃顺开始防过她，曾经劝过咸丰，仿"钩弋夫人"故事立子杀母，但显然时代不同，立子杀母非正常人所能为的，咸丰不是汉武帝，也不是北魏的道武帝，他对"母后干政"这种情况没有切身的体会，整个清朝两百年，也没出过可以称之为"女祸"的事例。所以，咸丰也以正常人的思考方式没有采纳。

咸丰临死前，任命八个顾命大臣辅政，留下两个印章，"御赏"给了皇后，"同道堂"给了懿贵妃，两宫相互可以牵制，顾命大臣有八个也可以相互牵制，太后和顾命大臣又可以相互牵制，在这牵制中，谁也没办法独自控制小皇帝揽皇权。

咸丰安排好一切死了，懿贵妃在此之前就已经早作准备，天天让人教小皇帝一定记得在朝堂上说："额娘做皇太后。"终于得偿所愿，在皇后被尊为母后皇太后，封号慈安的一天之后，懿贵妃被尊为圣母皇太后，封号慈禧。

政治手段人人都是精通的，咸丰一死，底下各自算计，这一边顾命八大臣联手架空两宫太后，自己内部再分果果是后一步的事；那一边，两宫皇太后跟八大臣吵了几架之后，自知不敌，暗中派安德海潜回北京城，跟恭亲王联上线进行合作。

于是，扶枢回京的路上，八大顾命分别被抓，杀了三个流放了五

个，三颗人头换来了两宫皇太后垂帘听政，恭亲王奕䜣为议政王辅政的胜利果实。

然则不仅是肃顺低估了她，恭亲王和其他王公大臣也低估了她，慈禧通过四年的理政，掌握了朝政之后，开始对辅政的恭亲王开刀，先是一举罢免了他所有的职位，包括议政王、首席军机大臣、宗人府宗令等，直逼得恭亲王服软，这才又恢复了他的部分官位。

恭亲王并非无能，然而两强相遇勇者胜。慈禧个性之强悍，在晚清无人能比，她最喜欢的一句话是"胆欲大而心欲细"，她的胆子极大，敢下重注，有孤注一掷的强悍。她要对付恭亲王，因满朝中竟然找不到一个敢给她写圣旨的臣子，她就敢亲自上阵，亲笔写出一篇错字别字连篇的圣旨盖上"同道堂"和"御赏"之章，绕过议政王直接下到内阁去。她不怕她那道错别字连篇的圣旨丢脸，她有赌徒式孤注一掷的狠劲儿。恭亲王却少了这份敢鱼死网破之心，没有敢真的撕破脸皮一拍两散的决断心肠。两人意志的作战，恭亲王败下阵来，慈禧掌握了权力。

政治人物，"狠""忍"必具其一，然而能忍者往往不能狠，如孝庄太后；而慈禧却正好是一个反面，强悍的人往往不能忍受被压抑。

这份打从骨子里的狠，让她百折不挠，意志坚强，遇神杀神，也曾经让她倍受挫折吃尽苦头。

她敢做敢行，也敢用人，她不顾宗亲贵族大臣们的非议，大胆起用曾国藩、李鸿章、左宗棠、张之洞等汉人，打太平天国，办洋务等……

她一直都很自信，她够运气，命运之神一直眷顾于她，她一直在赢；她以为她很行，江山在她手里治理得比咸丰强，咸丰临死前留下的烂摊子，在她的手里似乎都得到了解决，顾命八大臣解决了，恭亲王降服了，洋人撤走了，北京城回来了，太平天国平定了，半壁江山又抢回来了。甚至有人恭维她，把她统治的同治、光绪两朝称之为"同光中兴"，她也真的开始拿自己当中兴之主，她从来没有想过，她更有可能会是亡国之君。

这些年她是怎么过来的呢，她跟东太后慈安合作了很长的一段时间。影视作品里慈禧管慈安叫姐姐，而实际上呢，慈安比慈禧还小两岁呢。在人们把慈禧描绘得心狠手辣的同时，慈安也成了一个忠厚老实得近乎无能的木头人，被慈禧操纵得团团转。

然而事实上，跟慈安打交道也并不那么轻松。清代的嫡庶之分，看看红楼梦中王夫人和贾政在炕上说话，赵姨娘要站在门口给宝玉打帘子，就可知一斑。

慈安虽然比慈禧小两岁，却比她更早进入宫廷，学会了在宫廷中生存的才能。慈安姓钮祜禄氏，父亲是道台穆扬阿，她原是咸丰为四贝勒时的侧福晋。咸丰登基前正福晋已去世，慈安以家世和手段击败另一个侧福晋武佳氏，先封为贞嫔，再封为贞贵妃，就在慈禧进宫为兰贵人的同时，慈安已经封为皇后了。

做皇后和做侧福晋不同，她立刻投入新角色，成为礼法的化身，端庄持重地做出一派国母风范，咸丰虽然花心、喜怒无常，但对于这

么极具皇后风范的继妻也是敬重有加。慈安看似慈祥，不过也是个厉害角色，慈禧当年不知天高地厚，就吃过她的苦头。

慈禧自生下同治，封为懿贵妃，她是个不会忍的角色，自然就有些骄矜之态了。《清稗类抄》中有一段记录：同治刚生下不久，慈禧得宠，咸丰数日在她的宫中，不理朝政，结果慈安头顶祖训跑去宫中让皇帝听训。咸丰灰溜溜地去上朝了，想想不放心，又跑回去看，结果慈禧已经被提溜到坤宁宫去，被慈安"历数其过，以杖辱之"。

挨了这一顿饱打把慈禧给打醒了，再不敢在慈安面前逞强，从此拿出手段来，对慈安恭敬万分。慈安这才满意，又想着慈禧毕竟是皇子生母也加意笼络，两人的关系竟然就此好了起来。从此以后联手对付肃顺，对付恭亲王，慈安都坚决地站到慈禧这一边。慈禧一边借着小皇帝的名，一边借着慈安这个嫡太后的力，闯过道道关口。

慈安是老派贵妇，属于她范围内的和范围外的分得很清楚，她做得很符合一个皇后、一个国母的形象。她不干政，也对政治不感兴趣，看奏折对她来说是个苦差事。她把自己和慈禧的相处模式比作开国时的孝端太后和孝庄太后，她是嫡太后，出头争权吵架得罪人的事让慈禧去做，自己站在背后两边制衡，好人让自己做，坏人让慈禧做。

在小皇帝同治的管教上，慈禧严厉了半晌，慈安跑来哄着做好人，教育成果付之东流，同治被宠得完全不成材，却同慈安关系极好。慈禧想对付不听话的臣子，事先慈安也答应了，结果临到头她想下手了，慈安给人家求情了。结果不管是小皇帝、恭亲王还是王公大

臣们，大家都喜欢亲近慈安。

慈安自以为得计，但是她却忘记了，做好人固然能收人心，但是做坏人却是人人畏惧。在政治上，有时候让人畏惧比让人亲近更有用。

所以有时候慈安虽然给慈禧很大的帮助，但是慈禧跟慈安的相处却让她很憋闷。憋闷的事不止一件，慈禧性格活泼，爱打扮，爱享乐，喜欢新鲜东西，而慈安却彻底是一副寡妇样子，当初在咸丰面前都是要正装大礼服的相见，更何况现在做了太后，尤其要显得不苟言笑。

慈禧爱好广泛，尤其爱看徽班，即京剧，虽然说徽班是乾隆年间进的京，但是京剧能够成为国剧，实在是跟慈禧有莫大的关系。当时虽然存在着花雅之争，但是上层贵族还是爱听昆曲的，认为花部戏剧不登大雅之堂。但慈禧的父亲是安徽道台，未进宫前她就喜欢徽班戏，做了太后更是隔三岔五地想办法找名义看戏，京剧也随着她的权力扩大而一步步发展开来，王公大臣们也要投其所好去看戏，去迷戏。她喜欢看两种戏，一种是"粉戏"，也就是言情戏，这在贵族中也是不登大雅之堂的，不但慈安不屑，连她的儿媳妇同治皇后阿鲁特氏也公然对此表示耻笑。另一种是武生戏，杨月楼、杨小云都被频频召进宫来表演。武生戏有什么魅力？晚风中宫灯下，俊美的小帅哥在台上一会儿是吕布，一会儿是林冲，翻滚踢打，随着她的点单展示完美的身材，完了，下来领赏，玉面朱唇，额头薄汗，她赏玉围脖，亲手给对方戴上，她的手可以触到他的脖子，假装走神，可以停留上好

一会儿，感受着年轻男子的肌肤和脉动，多么名正言顺的意淫啊！

然而也仅限于此罢了。三千年的封建礼制，两百年的清宫规矩，到了末世，就算掌权者也未必能在所有的事上都随心所欲。

慈安是个典型的后宫女人，前朝的政治她不感兴趣，可是宫廷政治一样玩得很熟。除顾命大臣，压制恭亲王，事情完了，她对那些琐碎的政务不感兴趣，她只要抓住核心就够了。王朝的核心，就是皇帝。清宫规矩，皇子一出生就被抱走，不能跟生母住在一起，而且名义上，所有的皇子都属于皇后。因此虽然是慈禧亲生的儿子，但是同治皇帝却跟慈安的关系更好。慈禧也曾为此而伤心郁闷愤怒，大发脾气，大发脾气的后果却是将儿子更远地推向了慈安。

慈安虽然诸事放手，但眼见慈禧掌权日久，日渐不把自己放在眼里，就适时出山，拿出祖宗家法来要为同治大婚，同治大婚之后，她就要拉着老伙伴慈禧跟她一起还政皇帝，回后宫静养了。

在小皇帝的人选上两人又有不同意见，慈安选中的是崇琦的女儿阿鲁特氏，阿鲁特氏出身门第高，祖父做过首辅，外祖父是郑亲王端华，父亲又是旗人中唯一的状元。慈禧却不以为然，她觉得慈安又是拿这事来宣扬"门第重要性"，虽然她和慈安同是道台的女儿，门第却大不同样，慈安能做上皇后，除了她本人的手段外，家世也占了很大的便宜。慈禧的祖父却是罪官，活得艰难，父亲好不容易挨上道台之职就完了。慈禧看中的是员外郎凤秀的女儿富察氏，她不乏私心，家世门第高的正室儿媳妇，未必会把庶出的婆婆放在眼中。《红楼梦》里，王熙凤连正经婆婆邢夫人都不放在眼里。当然，慈禧也自以

为很替儿子着想了，阿鲁特氏年纪比同治还大，长得又不美，家世又太强，夫妻一定不会和美，富察氏年轻貌美，性格温柔，同治一定会喜欢。

可偏偏同治不买她这份好意，他在大事小事上都只听慈安的，几年前慈安为了打击慈禧的气焰，就和同治联手恭亲王把慈禧的心腹大太监安德海给杀了，慈禧只有暗恨在心无可奈何。这次他也毫不犹豫，选中了慈安的候选人阿鲁特氏，慈禧的候选人富察氏只封为慧妃。

阿鲁特氏果然如慈禧所料的一样不易驯服，慈禧借碴生事打鸡骂狗，处处跟阿鲁特氏过不去，同治只要去过皇后宫，必然会被她找来骂一顿。同治反而起了逆反之心，跟阿鲁特氏感情更好了。但是慈禧不许他去皇后宫，他又不愿意去慧妃宫中，干脆后宫全成了摆设，同治溜出宫去走花街柳巷，闹同性恋，很快就染上恶病，一命呜呼。

同治变成这样，做婆婆的自然迁怒于儿媳阿鲁特氏，甚至在同治病重之时，还在他的榻前对阿鲁特氏非打即骂。阿鲁特氏忍无可忍反口相讥："你也留点体面吧，我好歹还是从大清门抬进来的人呢。"

打人不打脸，骂人不揭短，慈禧一辈子最大的心病就是她是妃子出身，被阿鲁特氏当面揭短，这下可不得了，闹得翻天覆地不可收拾，同治的病被她这么一激一闹，急剧恶化，几天后就去世了。

同治无子，他这一死慈禧立刻找慈安商议，绝对不能找个下一辈溥字辈的继承人，这样一来，同治的皇后阿鲁特氏就成了皇太后。阿鲁特氏那句被迫用来自卫的"从大清门抬进来的"，就成了慈禧拿来

刺激慈安的利器。慈安也是妃子出身扶正的，也没享受过"从大清门抬进来"的荣耀，这话得罪慈安，比慈禧更甚。一旦阿鲁特氏做了皇太后，她这个正经"从大清门抬进来的"正室皇太后，立刻压得两个妾室出身的太皇太后面目无光了，而且执政的，也必然会是她这个正经的皇太后，没慈安慈禧什么事了。

慈安又和慈禧站在了一起，她们谁也不愿意再看到一个牛高马大的正室皇后在自己面前晃悠，"载"字辈年纪小又属皇族近支的选择范围本就小，就这么跳过年纪稍大的恭亲王的诸子，而醇亲王的儿子、慈禧的亲外甥、才四岁的载湉就成了新皇帝，即光绪皇帝。

阿鲁特氏就这样成了慈安的弃子，一个月后，被迫自杀。

光绪进宫，慈安不改旧习，继续以怀柔的办法企图控制小皇帝，光绪想家了、被骂了、哭了、闹了，一定是慈安第一时间跑去安慰示好，横竖她闲着没事，既不用批奏折也不用对付臣子们，有大把时间哄孩子。

但是光绪六年，慈安死了。慈安的身体一向很好，反而是慈禧一向体弱多病，尤其在光绪五年至六年，慈禧病重，数番召天下名医诊治，四月份宫中传出消息，说是太后去世，大家都以为是慈禧，谁知道慈禧从帘后出来，去世的竟是慈安。

也因为这么戏剧性的一刻，慈安之死，很多野史都认为是被慈禧毒死的。然而宫中势强者毒死势弱者很多，却很少有在位执政的人被毒死。宫中膳食自有一套流程，慈安又不是无能之辈，恰恰相反，她是很懂得在宫廷生存之道、很有心计的人，慈禧要毒死失势的阿鲁特氏之类容易，要毒死慈安却没这么简单。

那为何病重的是慈禧，死的却是慈安呢？我们现实生活中也常看到经常病歪歪上医院的人有些还能活得很长，许多生龙活虎的人却因为忽视健康，有可能猝然死去。当时慈禧病重，足有半年是慈安独自垂帘执政，对于平时不理政务的慈安来说，如果有高血压、冠心病一类的病症，在过于疲劳、压力过大、精神紧张的情况下，是有可能导致猝死的。但是也不排除慈禧的手段和心计，在点心里下毒药那是老百姓想当然，但是记得小时候曾经看过一个故事，说是一个婆婆想杀儿媳灭口，就每天让她喝参汤，因为人参是大补之物，如果体质不对虚不受补，就会越补越虚，到最后吐血而死。据说袁世凯之死，是因为他晚年喜欢吃大量的人参鹿茸，人参鹿茸是大发之物，以致脑溢血、高血压纷纷而来。另外据说咸丰也是吃鹿茸吃死的。慈禧知识面广，涉猎极多，爱看杂书杂戏，这方面知识恐怕要比拘谨守旧的慈安来得多，保不齐她有可能非常殷勤地劝说慈安得天天吃人参鹿茸保养身体之类的话。

总之，不管慈安怎么死的，她的死让慈禧顿时少了头上的一个紧箍咒，照大太监李莲英的话来说："从此以后是老佛爷说了算啦！"她开始进入了真正的唯我独尊时代。

慈禧和光绪的关系，应该说一开始是很不错的。吸取了对同治教育的失败经验，也没有慈安扯后腿的制掣，慈禧按着自己的意愿去教育光绪。慈禧没有放松对光绪的教育，但也很注意培养感情，她为光

绪挑最好的老师，为了光绪怕生还让光绪的生父醇亲王陪读，多年后她指责光绪忘恩负义时，还无不动情地回忆当年光绪初入宫时怕打雷而躲到她怀里的情景。

母子的关系在最初阶段比较融洽，光绪对慈禧的称呼也比较奇怪，他叫她"亲爸爸"，这是满族人的习惯，对女性长辈以男性的方式来称呼，比如称姑妈为"姑爸爸"，姨妈为"姨爸爸"，慈禧有意抛开官面上的称呼，而更愿意拉近血缘关系，在血缘上光绪应该称她"姨爸爸"，而她愿意更亲近一层，让光绪叫她"亲爸爸"，因为她说："我妹妹的儿子跟我的亲生儿子一样。"据谨妃的侄子回忆自己进宫见瑾妃时，也是称瑾妃为"亲爸爸"或者"姑爸爸"，看来这倒不是慈禧的独门称呼。

光绪十六岁时大婚，一后二妃都是慈禧亲选的，皇后叶赫那拉氏，是她的亲侄女，另外两个是侍郎长叙的女儿他他拉氏姐妹花，姐姐被封为瑾嫔，妹妹被封为珍嫔。

隆裕皇后的父亲桂祥是出名的大烟鬼，母亲是个出名的悍妇，据说隆裕的一个妹妹嫁给孚郡王之子载澍，夫妻不和，那位二小姐回娘家一告状，桂太太立刻去请了慈禧的旨意，竟然要处死女婿，好不容易诸王求情，杖责一百，桂太太竟然亲自监督，务必要将女婿打得筋断骨折才肯罢休。这样的家教，再加上自恃以太后为靠山，隆裕的为人愚且骄横，爱惹事又不能收拾，自然不称光绪的心意，甚至后来两人交恶，有过隆裕站在光绪房中不走，被光绪亲手揪着头发扔出门去的事情。

帝后不和，慈禧一开始并不想插手，当年她插手同治内闱，逼得母子失和，同治早亡。如今她不想再犯这种错误，反正光绪已经按照她的意思选了叶赫那拉家的女子为皇后，那么她也不想硬逼光绪感情上也得喜欢她的这个侄女。侄女是用来促进她和光绪的母子感情的，若为侄女而伤了母子之情，在政治上岂不是得不偿失。她尽管也劝光绪多亲近皇后，但这也是站在自己娘家立场考虑。当然这时候，光绪还是很肯买她面子的，只是这种事儿，勉强个几次是可以的，勉强不了一辈子。

珍嫔姐妹也是慈禧亲手挑选的，珍嫔年轻美丽，活泼好学，很像她年轻的时候。慈禧刚开始很喜欢她，还亲自派人教习书画，教她如何讨好皇帝。珍嫔不负所望，很快得到光绪的宠爱，慈禧还特地为他们创造机会，她去颐和园避暑，还特地带走皇后和瑾嫔，让珍嫔和光绪留下独处。慈禧六十大寿，又将珍嫔晋封为珍妃。

慈禧的用意，是借珍妃的美貌，拉近她和光绪的关系，以用来进一步加强对光绪的控制。只可惜孩子们都要长大，而且长大了以后，都要自己飞翔。

光绪做了二十年的皇帝，事事都不操纵在他自己的手中，事事要听从太后训政，慈禧表面上还政，事实上重要政务一点也不撒手。而这个时候，国家内忧外患，列强蚕食，中日爆发甲午之战，中国惨败，失去了对台湾和澎湖列岛的控制权，主政的慈禧成为矛头所向——在此之前，她把海军的军费挪用去修颐和园，为自己庆祝六十大寿了。

国家不顺的时候，人们就有想换领导人的愿望，但慈禧权柄握得

紧，于是人们把眼光投向光绪。而国事不顺，光绪也深感屈辱，军国大事都由慈禧独断，结果成了这个样子，但名义上的一国之主却是光绪。光绪不由得有"若是我做主肯定会怎么怎么地"的想法，而且他才是皇帝，名正言顺的一国之主。

心爱的女人珍妃也支持他，珍妃嫁给光绪这些年，虽然说受宠，却不免受隆裕的气。虽然说她是慈禧选进来的，可是光绪却是她的丈夫，她的感情也更偏向光绪，甚至于可能有这样的想法，如果光绪能够自己做主，他一定会封她为皇后。

人都有私心，隆裕毕竟是慈禧的亲侄女，她天天在慈禧面前告珍妃的状，慈禧虽然一开始比较偏向珍妃，但这种偏向是建立在利益算计上的，感情上她当然更偏向隆裕，时间长了，她也开始不喜欢珍妃了。何况光绪一天天长大，在处理政务上开始渐渐不完全顺她的意，这种时候，慈禧当然觉得是珍妃没有尽到笼络的职能——我给你机会了你没有做好我交待的任务，于是经常把珍妃叫进来骂一顿。

光绪开始积极地培养自己的班底，他借甲午海战的失利贬了李鸿章，用自己的老师翁同龢取代，进了军机处。珍妃的老师文廷式做了江南副主考，她的哥哥志锐做了礼部侍郎。一批新贵被提拔，在朝中形成帝党，和慈禧的后党开始分权夺位。

慈禧觉得有必要提醒一下光绪，现在是谁说了算。因为珍妃穿了一件珍珠衫，被慈禧借故打了一顿板子，说："我都没有穿过这么贵重的衣服。"再降罪珍妃，将珍妃姐妹都降为贵人，并对帝党中人大加贬斥。

光绪慈禧过招第一回合，光绪败落，慈禧打一巴掌给颗糖，第二年又将珍妃姐妹恢复妃位，和光绪讲和。

慈禧自以为已经做得很和善，但在光绪和珍妃眼里却不一样，这事儿只能让他们看清了：老太太不下岗，他们虽然名为帝妃，连自己的命运都无法主宰。

这时候南海康有为出现了。对于中国面临的一切，许多人都在思考，尤其是读书人。国事不振，慈禧自然有责任，但又不完全是她的责任。清末就有人说："都说老太太不行，可若是换个人，还不及老太太撑得住。"纵观整个世界，资本主义洋枪洋炮到处都是，封建帝制都如摧枯拉朽，纷纷崩塌，谁也逃不掉。要改变这一命运，封建帝制不灭，只怕不太可能。当然也有中立派，拿英国、日本君主立宪作例子，却不想英国皇室的权力经过大革命早已无多，日本天皇不掌权柄由幕府统治已经几百年了，但中国的帝制却是仍牢牢掌握在皇室手中，正常情况下，谁会把自己手里的权力让出来。

康有为认为中国应该学西方，学日本，推行君主立宪制度，这样想的人有一批，共同发起了"公车上书"。康有为寄希望于统治者，但慈禧手底下臣子太多，一个举人进不了她的法眼。康有为转投光绪，光绪正需要人手，更需要有一股能够从慈禧手中夺权的力量。

光绪二十四年，光绪帝采纳了康有为的建议，发布《明定国是诏》，宣布变法维新。在短短一百零三天的时间里，光绪连发了二百多道谕旨，企图在一夜之间，在中国改头换面。治大国若烹小鲜，除非改朝换代，否则过度激进的改变，只会引起国家的动荡。光绪的变

法，导致大量新党人员的上台，得罪了掌握国家中枢力量的既得利益层，令得不满变法之苦的官员们转而围拢慈禧。

慈禧刚开始是同意光绪变法的，国家政体是得改变，她不是没看到这一点，她喜欢由光绪出面，办好了她来摘果子，办坏了她来收拾残局兼收权。但她没有想到光绪的行动如此激进，立刻敏感地觉察到这不是什么政治改革，而是政治夺权，她立刻做出反应，开始要收回权力，动手收拾新党。

急切之间，新党谭嗣同夜访袁世凯，让他发动兵变，囚禁慈禧。袁世凯是个老奸，一衡量新党胜算太小，立马转而向荣禄告密。慈禧从颐和园赶回紫禁城，发动"戊戌政变"，光绪以彻底失败而告终。

慈禧下旨，以光绪重病为由，由自己再次"训政"。她以"养病"为由，将光绪囚禁在瀛台之中，砍断桥梁，不与外界通消息，珍妃则以"卖官"为罪名，被打入冷宫，囚于北三所。并选中端亲王载漪十五岁的儿子溥儁为大阿哥，准备拿他来替换光绪。

都说慈禧是"守旧派"、"投降派"，但事实上，慈禧不但不守旧，思想还非常新，世界上出现的新玩意新变化，她全都有兴趣，还派张之洞办招商局，派李鸿章办洋务，派王公子弟到欧洲留学，办海军，兴女学，都是出自她的主意。她也不主降，正相反，她还是非常主战的，咸丰逃难到热河，她不同意，还请求力战到底，她拨提左宗棠等人进行对法作战等。

她一直很谨慎，不敢轻易开战，就算有战事，她也是息事宁人，草草收场。她办海军搞洋务，也希望积蓄和洋人一战的力量。

然而她也容易被多年来唯我独尊的感觉冲昏头，被一帆风顺的权力之路冲昏头，她一直都以为只要她想干，没有什么事干不成，一切都可以在她的计划之中。她听说光绪变法得到了洋人的支持，她听说洋人收留了康有为、梁启超等人，更因为洋人反对废光绪——慈禧已经打算在次年即光绪二十六年(1900年)让光绪禅位，改由溥儁登基为帝，连年号也要改为"保庆"。

　　列强不同意换皇帝，慈禧打从咸丰开始数十年以来积蓄的怒气一发不可收拾，端王为了让自己的儿子早做皇帝，建议利用义和团来对付洋人。慈禧下令封义和团为"义民"，攻打各国使馆。

　　八国联军正愁没借口，各国战船立刻开进来，由天津入口，直逼近北京城。慈禧打翻马蜂窝，不可收拾，只得仓皇改装，带着光绪出逃。

　　临走前，她处死了珍妃。据说是因为她发现了珍妃写给光绪的密信，让光绪不要出逃；也有一种说法是慈禧临走前要带上珍妃，而珍妃则说皇上不能走，请让皇上留下来收拾残局。慈禧一闻就知道其中的味儿，唐朝"安史之乱"，李隆基仓皇出逃，太子李亨说让儿子留下收拾残局吧。结果残局收拾完了，也没李隆基什么事儿了，李亨当了皇帝，李隆基被囚至死。怒不可遏的慈禧立刻下令，将珍妃扔到井中处死，这才放心出逃。

　　从珍妃种种所为来看，应该说珍妃颇有政治才能和手段，如果不是遇见了慈禧，将来很有可能成为当国的后妃，只可惜，她遇上的是已经手握大权的慈禧，这就注定她只能以悲剧收场。

　　庚子事变，慈禧出逃，她做梦也没有想到，这辈子她也有坐牛

车，吃窝头，喝凉水的时候，尽管只是短短十几天，也够她受的了。

她是苦涩的，当年咸丰出逃热河，她不以为然，直到今天她自己出逃得比咸丰还狼狈，她这才意识到，这个世界上有一些东西，不是一个女人的心计手段算计，能够解决得了的，人家亮出了武力，她就得落荒而逃。这一次的出逃，将她的自信心彻底打碎，让她患上了"畏洋病"，让她彻底明白，这个世界不由她说了算，她极度强悍的人生，从此急速走向下坡路，彻底堕向深渊。

出逃并没有使她意识到民生之艰难，只让她恨不得早早逃离这一切，恢复原来的奢华享受。她吩咐留守的庆王等人，不惜一切代价，只要仍然能够保她平安，任何屈辱的条件都能够答应。《辛丑条约》的签订，将中国送列强宰割，此条约共与十一国签订——向众国赔偿军费四亿五千万两白银，以海关和盐税作抵；将北京东交民巷划定为使馆区，不准中国人入住，各国则可随意派兵驻守；拆除北京至沿海途所有炮台，允许外国在山海关至北京之间十二地驻军；永远禁止中国人参加或成立任何反对列强的组织，违者处死；凡发生反列强之事的地方，文武各科考试停止五年；各地官员如不能保证当地外国人的安全，革职永不复用；派亲王大臣赴德日两国"谢罪"；惩处同情附和过义和团运动的官员（共计各级官员百余人）；将总理衙门改为外务部，班列六部之首，专司与列强事宜。

无数割地赔款极尽屈辱的条件，无数中国百姓的血和泪，只换得慈禧一人平安。慈禧回京后，一反常态，放下架子，频频召开派对，请各国公使夫人入宫，与她共进酒宴，并且慷慨地大派礼物，她要改变各国对于她"顽固"、"腐朽"、"守旧"的评价，让各国知道，她也可以像光绪一样开放和革新，她比光绪更适应和列强合作，让他们更轻易得到好处。玩人际手段，慈禧一向是高手，她忍着洋女人的粗鲁、无礼、贪婪，装出一副可亲可爱的女主人的架势，居然也把各国夫人哄得很高兴，当然，列强更高兴，因为他们收获更大。

慈禧觉得她找到了对付各国的办法，这是一群狼，只要给他们喂肉吃，总可以阻止他们一阵子。她眼看着国家一块块割出去，但是只要她还是大清国皇太后，除开应付列强之外，整个国家还是俯首在她的脚下，她也就足够了。慈禧觉得自己足够高明，瞧，大清国在她的手中又多撑了这么久呢，换个人早就灭亡了。于是乎歌舞升平，于是乎奢华变本加厉，她在西逃中吃的苦头，她要加紧找补回来，大修颐和园，大庆寿宴。

但是她却似乎忘记了一件事，她脚下的土地是有限的，这个国家的人民的承担能力是有限的。列强贪得无厌，无穷无尽的赔款，挖地三尺也难以支付；更兼慈禧为了弥补自己在列强面前奴颜媚骨而损失的自尊心，要变本加厉地穷奢极欲。

民穷财尽，民不聊生，列强步步进逼，国土寸寸割让，前方吃紧，后方紧吃，万寿无疆，万寿疆无。饮鸩止渴也罢，挖肉被疮也罢，于慈禧而言："我死后哪怕洪水滔天。"她活着死后都千夫所指，这是自然的，她既不择手段地争了这个位置，享受了唯我独尊的权力，万民因其而受难，又岂能逃此骂名！

因怕洋人问责，她不敢再废光绪了。然而她明白，光绪比她年轻

得多，但她不敢骤然毒死光绪，然而要一个人死，办法很多。光绪被囚，珍妃已死，他活得比死更难，饭是冷的，菜是馊的，被是薄的，窗是漏风的，隔三岔五，慈禧总会派人去训骂他一顿，让他跪在地下听着。物质加精神双重虐待，让三十来岁的光绪，身体比六七十岁的慈禧更差。然而光绪也明白这点，谁活到最后谁才是胜利者，他熬着就是不死。最终慈禧忍不住了，在自己断气之前，把光绪毒死了。在听到光绪死的消息后，她才敢松了最后一口气。

慈禧是《红楼梦》的超级粉丝，她所住的宫殿墙上画的都是《红楼梦》的场景，她看《红楼梦》不知道看了多少遍，却不知道《红楼梦》里也早预示了她的一生："一片冰山，上有一只雌凤，其判云：凡鸟偏从末世来，都知爱慕此生才。一从二令三人木，哭向金陵事更哀。"慈禧此生，一从则为咸丰，二令则为同治光绪二朝，身栖冰山，有才何用，一死万事皆休。她这辈子过度地挥霍完了这个国家的命运，在她死后只剩下一个空架子。在她死后的第三年，孙中山在南京就任临时大总统，清王朝灭亡。南京，旧称金陵。

甚至连一死也未必万事皆休。她自以为在天国仍可永享她那丰富的陪葬品，然而在她死后的第十九个年头，她的珍宝招来了军阀孙殿英，他炸开了她的坟墓，所有的珠宝被洗劫一空。她活着时至尊无上的身体此时被剥光，像一段干枯的木头，被当作废弃物扔在角落里，被乱兵们踩过，生虫腐烂，化为尘土被风吹走。

如同她的名，如同她的国。